当代城市发展与规划丛书

空港管理实施体制研究

——以揭阳为例

杨　深　编著

中国建筑工业出版社

图书在版编目（CIP）数据

空港管理实施体制研究——以揭阳为例 / 杨深编著.
北京：中国建筑工业出版社，2014.7
（当代城市发展与规划丛书）
ISBN 978-7-112-16849-1

Ⅰ.①空… Ⅱ.①杨… Ⅲ.①机场管理－管理体制－研究－揭阳市 Ⅳ.①F562.865.3

中国版本图书馆CIP数据核字（2014）第098731号

责任编辑：施佳明　陆新之
责任设计：李志立
责任校对：陈晶晶　姜小莲

当代城市发展与规划丛书

空港管理实施体制研究

——以揭阳为例

杨　深　编著

*

中国建筑工业出版社出版、发行（北京西郊百万庄）
各地新华书店、建筑书店经销
北 京 嘉 泰 利 德 公 司 制 版
北 京 富 生 印 刷 厂 印 刷

*

开本：787×960 毫米　1/16　印张：9½　字数：183 千字
2014 年 8 月第一版　2014 年 8 月第一次印刷
定价：38.00 元
ISBN 978-7-112-16849-1
（25631）

序

新世纪以来，我国的航空运输得到了快速发展，尤其是在经济全球化的浪潮下，面对平均交通出行距离增加，出行频率增加和交叉移动增多，速度已成为最主要的价值取向，区域之间、洲际之间的旅行已经成为人们日常工作及生活的一个组成部分，因此机场交通枢纽地区的建设开发已成为经济发展的增长点及时代关注的焦点。但与之不相适宜的是国内机场附近地区规划建设面临协调困难、实施迟缓、管理体制不顺等难题，而关于这些问题的解决，目前尚无成熟经验可以借鉴。

值得庆贺的是本书作者凭着其丰富的城市规划工作经验及多年来对揭阳市城市规划和空港地区的深入研究，为广大读者提交了初步的答卷——《揭阳空港经济区管理实施体制研究》。

该书就如何建立适合空港地区的管理机构和实施机制、如何协调跨越行政界限的空港经济发展等问题进行研究探索和总结，具有实际应用价值和学术价值。从管理体制设计的角度来看，揭阳空港经济区不仅是高新技术的经济开发区、临空发展特征的空港经济区，还是揭阳城市重点发展的新区，具有多重属性。在国际化新环境下，空港经济区的管理体制设计和管理体制模式问题已成为体现空港经济区竞争力的核心问题。

编者杨深与他的团队经过多年不懈的努力，通过理论研究、案例分析、广泛深入的调研和耐心细致的沟通协调工作，为揭阳空港经济区提出了针对性较强的管理体制和规划实施推动方案建议，保障了规划的有效落实。其核心内容不仅指导揭阳市城乡规划局对空港经济区的规划建设管理工作，也是揭阳市委、市政府对揭阳空港经济区管理体制设计的参考依据，尤其是对空港经济区的机构改革——大部制管理机构设置、管理体制、规划管理和建设实施起到较好的指导作用。在规划实施步骤上，采取了新颖、明智的两步走方法：第一步采用领导小组领衔试验区管委会和空港新区指挥部的过渡模式；第二步在获得广东省政府批设揭阳空港经济区和行政区划调整后，采用空港经济区管委会加行政直属分局的模式。同时，该项成果还有一定的理论学术价值，主要表现在通过对空港经济区实质和内涵的分析，明确了空港经济区的功能性质和发展目标；通过对揭阳空港经济区管理体制设计和规划建设实施推进的案例分析，总结出其发展特点和规律，在破解空港地区管理体制设计和城市群核心区区域协作发展的难题、推动城市重要新区的规划建设等方面做出示范。在研究方法上也有一些值得称道的地方，如横向比较法和纵向比较法等。

该成果曾获得揭阳市哲学社会科学优秀成果奖调研类的一等奖，同时也获得2013年度广东省优秀城乡规划设计评选城市类的三等奖，其理论研究和揭阳空港发展经验对全广东省乃至全国各城市空港地区的发展将具有一定借鉴意义。

作为城市规划工作者，一要有爱心，编者杨深虽然出生在揭阳，但妻子、女儿都在北京，杨深怀着对家乡和规划事业的热爱，常年舍家离子，全身心地投入到揭阳和揭阳空港的规划建设工作中，其精神令人钦佩。数年来他负责编制了《揭阳市城市总体规划》、《揭阳空港经济区发展战略规划》、《揭阳空港经济区总体规划》、《揭东县总体规划》和《揭东县登岗机场镇总体规划》等项目，硕果累累。二要用心，即在精心做规划的同时要潜心学习，注意积累，杨深在规划项目编制期间，与就读清华大学硕士研究生的研究学习方向相结合，完成了《临空经济与空港地区空间研究——以潮汕机场空港地区为例》的高质量硕士论文，把规划实践与理论研究相结合，充实了自己，也提升了规划项目的科学性和指导性作用。

正是由于杨深的规划工作卓有成效，应揭阳市邀请，受住房和城乡建设部、中国城市规划设计研究院的委派，杨深同志先后到揭阳市挂职任揭阳市城乡规划局副局长、揭阳市人民政府副秘书长（协调城乡规划、住房与城乡建设工作）。

我多次到揭阳参与规划工作和规划咨询评审工作，对揭阳空港的规划过程和杨深的工作情况有所了解，从中受益匪浅，因此真诚地向广大读者推荐这部既有实用价值又有科研价值的图书。

张文奇

2014年3月20日于北京

目 录

1 概 述

1.1 研究背景

1.1.1 航空量快速增长使得机场在社会经济中的地位愈显重要

进入21世纪以来，航空运量发展迅速，有关专家预测：21世纪，机场将驱动就业，驱动城市的发展，好比高速铁路在20世纪、公路在19世纪和海港在18世纪的作用一样。

在经济全球化的浪潮下，随着企业和居住区位的不断变化，交通特征也相应地发生变化。主要特征是平均交通出行距离增加，出行频率和交叉移动增多，面对面的交流并没有被网络所取代，速度成为最主要的价值取向，区域之间、洲际之间的旅行已经成为人们日常生活的一个组成部分，因此机场交通枢纽地区的建设开发成为政治家和学者们关注的焦点。

1.1.2 国外机场地区的开发和临空产业发展迅速成为新的增长点

随着经济全球化和区域一体化进程的加快，大型机场地区经济和社会经济之间的关系日益密切，逐渐成为区域经济发展的助推器，“航空城”由此而产生，并已成为未来大型机场发展的新趋势。航空城最早出现于欧洲和北美，爱尔兰1959年就成立了香农国际机场自由贸易区，这可谓航空城的雏形。此后，航空城在欧美地区得到迅速发展，阿姆斯特丹机场、法兰克福机场、亚特兰大机场等都是其中的佼佼者。

国外对机场综合开发已作了许多探索，如临空工业区从制造业开始，发展到了包容服务业、软件业、高科技产业以及学术研究、会议商务、疗养娱乐等活动，设施种类越来越多，层次越来越高。到今天，大型机场的周边地区已广泛地被机场所在地区政府明确作为“空港城”来规划建设。亚洲方面，日本和韩国在航空城建设方面走在前列，我国香港和曼谷、仁川等地的机场在航空城建设上都有大动作。

1.1.3 国内机场地区开发建设愈受重视，掀起建设空港城的浪潮

中国航空旅客吞吐量近20年来发展迅速,年均增长率超过20%。2008年,中国民航客运量为1.92亿人次，跃居世界第二位，仅次于美国。北京首都机场2008年旅客吞吐量突破5500万人次,世界排名第八,比2004年上升11位。2010年北京首都国际机场旅客吞吐量达到7377万人次，稳居亚洲第一位，世界第二位，仅次于美国亚特兰大机场。

近年来，随着我国民航运输业的快速发展，国内一些机场的业务规模迅速扩大，管理能力不断增强，对周边地区经济和社会发展的聚集和辐射作用日趋明显,进行航空城开发和建设的条件也日臻成熟。随着航空量的不断增加,围绕机场地区的临空产业发展也如火如荼，各地纷纷提出建设空港城，吸引知名企业的进入。目前，国内不少大型机场，例如北京、上海、广州、天津、重庆等，纷纷将开发空港城列入日程安排，着手空港城的规划和建设工作，其他一些大中型城市，如珠海、厦门、郑州、西安、济南、长沙、无锡、揭阳等城市空港地区也在规划建设空港经济区、临空产业园区等。但空港城取得成功的条件是什么,空港城对城市的影响有多大,这些学术研究在国内较少。在中国内地，临空经济区一直没有被高度重视，但由于其有不同于其他经济区域的显著特色，再加上发展规律也非常独特，近年来才逐步受到学界的高度重视。

1.1.4 当前我国机场地区发展存在区域协调、管理实施体制等难题

我国的机场地区与航空城在发展中仍存在一些问题，如产业化和规模化不够明显；机场周边地区的土地对机场优势的利用不够充分；航空城定位仍较模糊，特点不够鲜明；航空运输的核心作用不够突出等等。另外，机场大多选址在城市远郊区，或者位于几个城市的中间位置，所以这一普遍情况给机场临近地区的开发建设与管理带来很多不便，比如与城市规划区和与周边地区跨行政区划协调问题。目前，面对国内临近机场地区规划建设中面临的协调和管理实施体制等难题尚无成熟的经验可以借鉴。

1.2 研究问题的提出

1.2.1 如何主导空港经济区的规划建设

随着泛珠三角、海西经济区区域协作的实质化开展，我国东南沿海大通道（高速公路、高速铁路）的建设，以及我国与东盟合作的增强，潮汕都市

区具有地处“省尾国角”的门户区位优势和通江达海的交通优势，面临更广阔的发展空间，一个更发达的产业协作网络与社会交流网络正在被编织起来。揭阳潮汕机场通航，空港经济区的规划建设，厦深高铁建成通车，这些都成为加速粤东地区发展更强大的动力源。可以预见，未来这里将建成具有区域影响力的空港经济区。

我国民用机场属地化管理改革，加强了机场与地方政府的联系。也将机场的命运与属地的命运联系在一起，在决策过程中需要考虑民航行业管理部门和区域行政管理部门的沟通协作。二者关系的处理，极大地影响了空港地区经济的发展。

如何保障失地农民的出路？居住安排、就业安排等问题，乡镇一级的政府已经基本没有解决这些问题的能力。

土地是经济发展的制约因素，有限的土地要带来更高的效益，必须进行有效的资源整合。统筹安排后，需要怎样的机构设置才能真正实现土地的高价值？

未来的开发，基础设施必然先行建设，配套服务设施先行推动，适合揭阳空港经济区的是政府直接主导还是委托大开发公司建设？

规划范围内，甚至整个揭阳市的产业整体竞争力不强。如何更有效地吸引国内外著名的大企业并整合现有的内部企业，将这里打造成为揭阳市，甚至整个粤东新的发展极？

1.2.2 如何协调跨越行政界限的空港经济发展

空港经济区的建成，必然形成一个统一的经济实体。临空经济的发展涉及经济社会的方方面面，哪一级政府的主导和支持才会在高起点、高标准的基础上获得最好的发展？

空港经济区位于揭东县境内，揭阳市和揭东县，以及三镇的行政权力机构如何协调，以便共同处理行政事务？

潮州、揭阳、汕头三大城市不仅地理位置相近，历史发展渊源相同，社会经济文化特征和经济发展水平相似，而且现实发展中也存在较紧密的联系，空间格局呈现出多中心的特点。未来随着汕潮、揭潮高速公路的建成，在粤东高速公路网络作用下，潮汕三市将形成空间上紧密联系的1小时都市区。然而值得注意的是，这种空间上的紧凑并未带来潮汕都市区功能上的融合，近年来随着汕头中心地位的下降，潮汕各市之间出现“邻近而疏远”的趋势。区内城镇群体之间更多地表现为孤立发展、城镇间内在的相互关系薄弱，区域性基础设施、公共服务设施的建设和重大资源的开发利用等方面的协调不畅，重复建设严重。空港经济区的建设是难得的一次促进三个城市协调发展、汕潮揭一体化发展的机遇，因此，如何在管理机制的设置上促进区域内协同发展，值得我们去深入思考和研究。

1.2.3 如何建立合适的管理机构和实施机制保障空港规划实现

实践证明，只有规划而无强有力的组织管理机构负责实施规划，再好的规划也难以落实。要解决这一突出问题，必须在组织管理体制上有所安排，确保设想的蓝图得以实现。

历史的经验告诉我们，机场城镇和航空港“合之则双美，离之则两伤”。揭阳潮汕机场在三市的几何中心建设，临空经济发展，产业集聚，形成空港经济区。而潮汕三市因地域、历史文化等具有相似的背景，联系必然更加紧密。空港经济区的建设带来了共建的发展机遇，目前，广东省政府推动潮汕都市区一体化发展，建立汕潮揭三市经济合作机制，使未来高度协调发展成为可能。原有的行政管理体制必然不能适应更高层次的要求，必须建立高于空港经济区、高于揭东县、揭阳市的统一协调发展机构，才不会因为行政因素导致区内的不协调发展，进而丧失关键的竞争力。

临空经济区的发展离不开机场的支持，但现实情况是机场的管理模式是行业模式，地方不进行管理，虽然现在中国的绝大部分机场已经下放给地方，但机场是一个专业性很强的垄断企业，机场与地方政府部门的关系非常松散，临空经济需要机场的发展规模支持，同时，机场的发展也离不开地方政府部门的支持。机场的收入通常由航空收入和非航空收入组成，并且规模越大的机场非航空收入占的比重越大，有些机场的非航空收入占到整个收入的70%。机场对非航空收入的内在需求，加深了对地方经济的依靠，运量快速发展后，许多问题需要地方政府加强协调。因此，两者一体化的协调发展模式才能更好地保证共同的可持续发展，这就需要双方协商，确定一个双方在某些方面共同发展的模式。

综上所述，理论探索、协调和管理实施体制相对滞后于建设需求，要求我们必须从现实出发，在对比与借鉴中，对揭阳空港经济区规划建设中面临的协调和管理实施体制等难题进行专题研究，找寻适合我们的空港经济区建设发展管理体制模式和实施推动策略，保障空港规划、空港蓝图的最终实现。

1.3 专题的主要思路和研究框架

1.3.1 研究方法

专题研究运用文献分析法、比较分析法、实证研究法等多种研究方法。根据研究课题需要进行有目的的资料收集、文献查阅、案例分析，采用横、纵向比较法：横向比较法用于不同城市之间的比较，寻找出异同之处和可借鉴的方法；纵向比较法用于对空港发展建设管理过程经验的借鉴。而后运用案例研究、理论与实践相结合的实证研究法，为揭阳空港经济区提出较强针对性管理体制和规划实施推动方案建议，保障规划有效落实。

1.3.2 研究的主要思路

从体制设计的角度来看，空港经济区承担着揭阳乃至整个潮汕地区腾飞的试验田和对外开放窗口的功能，类似于我国的经济开发区，但又不仅仅是经济开发区，还是具有临空发展特征的空港经济区，而且还具有揭阳城市新区的多重属性，其体制的设置是整个战略中非常值得关注的地方。放眼而看，在入世后我国开发区面临的国际化新环境下，相关管理部门都在实践中苦苦探索一种适合当地经济发展的管理方式。走到十字路口的经济开发区，体制设计问题成为竞争力的核心问题，现实急需一种理性的分析框架和经验总结，急需微观层次的体制设计。空港经济区管理体制的模式，关乎空港腹地的发展方向，乃至整个潮汕地区的复兴。

本专题研究主要思路包括三部分：第一章为概述部分，介绍背景和研究问题，提出规划管理体制和实施策略推动是实现空港经济区规划目标的重要保障；第二至四章为理论和案例研究部分，基于揭阳空港地区的空港经济区、开发区和城市新区的多重属性，分别对空港经济区的概念，国内外空港地区发展规律的研究，开发区管理体制、自身系统的特点与构成及发展演变分析进行阐述，并对国内外案例进行总结和借鉴；第五至八章为规划研究结论部分，首先剖析揭阳空港经济区现状特征、发展目标和存在的问题，构建适合揭阳空港经济区的管理体制框架，探索区域协调共享共建共用的背景下机场建设管理的新模式，提出相应的规划实施策略、政策支撑、新城开发启动机制及近期推动计划，为空港经济区规划和建设实施提供科学支撑。

1.3.3 研究框架

研究内容和框架如图 1–1 所示。

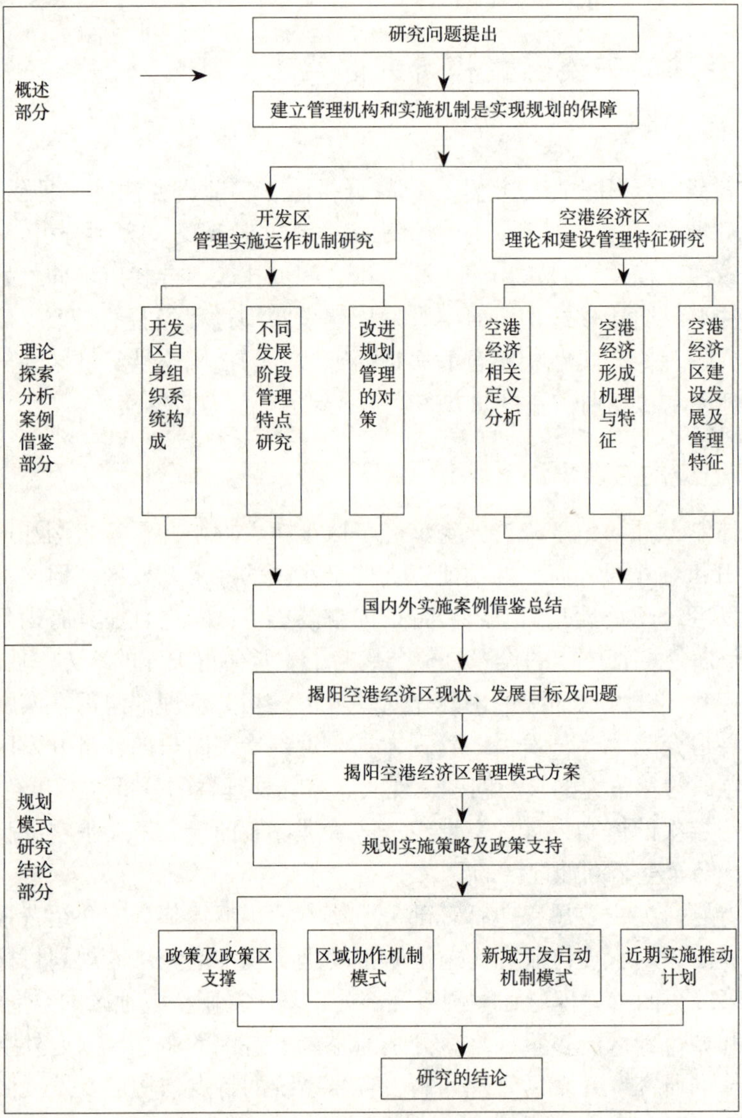

图 1-1　揭阳空港经济区管理实施研究框架

2 空港经济区特征研究

2.1 相关概念阐述

2.1.1 临空经济与临空产业

1）临空经济

以航空运输（人流、物流）为指向的产业在经济发展中形成具有自我增强机制的集聚效应，不断引导周边地区产业的调整与趋同，在机场周边形成经济发展走廊、临空型制造业产业集群以及各类与航空运输相关的产业集群，进而形成以临空指向为主导、多种产业有机关联的独特经济发展模式，这种以空港货流和商务人流为支撑的经济就称之为临空经济。[1]

临空经济是后工业时代的新型经济模式，它通过依托机场（尤其是国际性、枢纽性大机场）运输，利用航空港人流、物流、资金流和信息流资源，以机场为核心，促进周边地区经济发展。它包括两个层次，一是航空城经济，即以机场为核心，发展航空客运、货运、物流、机场购物、休闲度假、旅游商务以及与机场相关的其他产业，从而使机场及其附近成为一个多功能经济体[2]；二是区域经济发动机，即中枢机场作为地区的重要门户，带动区域经济的发展，其中包括两个层面：其一，利用国际口岸的优势设立空港保税区或空港保税物流园区，形成保税仓储、物流中转、物流配送、国际采购、展览展示、加工出口以及其他保税延伸产业集群；其二，利用航空运输功能，在机场所在地周边地区形成产业群，以及更广泛的地区内与空运、航空相关的产业集群。[3]

具体来说，临空经济包含以下三种经济模式：① 以航空运输为主体的航空产业；② 以产品利用航空进行货物运输为主体的临空型高科技制造业；③ 商务人员利用航空运输出行的信息密集型产业。

---

1 临空经济发展战略研究课题组．临空经济理论与实践探索［M］．北京：中国经济出版社，2006：45–46.

2 如洛杉矶机场周边宾馆酒店、会展场馆、租车公司林立，成为旅游商务的一个重要中转站．

3 彭澎．临空产业：后工业化重要标志［EB/OL］．http：//www.guangzhou.gov.cn.

2）临空产业

临空产业指那些与机场和航空运输直接或者间接相关的产业。这些产业的生存和发展直接或者间接地依托于机场和航空运输，它们不仅在产品和生产资料的运输上依靠航空，而且其生产本身也是机场和航空运输产业的一部分。

根据国内外资料分析，由机场建设、运营而形成的临空产业一般分为三类：一是产品短小轻薄、科技含量高、增加值高，且以航空交通为主要运输手段的工业；二是直接为机场服务的产业；三是利用机场特殊区位条件和土地开发发展起来的产业。其中空港地区所发展的产业主要不是直接为机场服务，而是依托机场运输的高新产业，以及能强化枢纽机场功能的深层次产业。

具体来说，常见临空产业主要包括以下六个方面的产业：① 直接为航空运输配套的产业，包括航空维修与改装基地、航空货运及仓储业、航空食品加工、旅游工艺品制作等；② 航空保税产业，包括航空保税加工、航空保税仓储、航空保税展示及相关的商业服务业，如保险、海关、综合联运等；③ 高新技术产业及其配套零部件产业，包括航空零配件制造加工、精密机械及零部件加工；集成电路及大规模集成电路铸造业、新材料等；④ 出口型加工业，包括高档成衣制作、玩具等高增附加值的出口加工项目等；⑤ 现代园艺农业，包括花卉园艺、特种养殖、特色蔬菜及都市观光农业等；⑥ 商务旅游展览和生活服务业，包括商务、办公、会议展示、购物餐饮、旅游娱乐、生活服务业等。

2.1.2 临空经济区、空港经济区与空港都市区

1）临空经济区

临空经济区，是指由于航空运输的巨大效益，促使在航空港相邻地区及空港交通走廊沿线地区出现生产、技术、资本、贸易、人口的聚集，从而形成的多功能经济区域。临空经济区大多集中在空港周围 6~20 公里范围内，或在空港交通走廊沿线 15 分钟车程范围内，以空港为核心，大力发展临空产业，与空港产生相互关联和依存的互动关系。

“临空经济区”的概念具体包含了三个层次的内涵：① 区域概念，即地理位置，临空经济区必须以机场为依托，它的发展受到机场的规划发展、功能定位、资源禀赋以及经济基础等因素的多重影响；② 产业概念，即临空产业，临空经济区以发展临空产业为核心，其产业结构包括与机场和航空运输直接或间接关联的产业；③ 经济概念，即临空经济，临空经济区是在中心机场的客流量和货流量达到一定的程度，机场周边的城市以及国家经济达到一定的

发展高度之后，才能出现的一种新的经济现象。[1]

2）空港经济区

空港经济区是指由于机场对周边地区产生的直接或间接经济影响，促使在航空港临近地区及空港交通走廊沿线可达地区出现资金、技术和劳动力的聚集，从而产生集聚效应和扩散效应，形成具有多种性质和功能的经济区域。它以空港为核心，主要发展与空港产业相关的产业集群，大多集中在空港周围20公里范围内。

具体来说，空港经济区的概念包含以下三个层次：首先，它是一种新的经济模式，由于机场对周边地区产生的直接或间接的经济影响，出现资金、技术和劳动力的聚集，从而产生了集聚效应和扩散效应的新经济现象。其次，它暗含了一系列相关产业，空港经济区以发展临空产业为核心，包括先导产业和相关产业。先导产业如：运输业（客运、货运）、民航综合服务业；相关产业如：配套服务、传统的制造业、物流配送、商务餐饮、住宅开发和高新技术产业等。最后，它具体指某一地理位置，空港经济区以机场为地理中心，沿交通沿线向外发散式扩张，具体存在于一定的地理范围内。

3）空港都市区（aerotropolis）

关于空港都市区（aerotropolis）的概念，最早由美国北卡罗莱纳大学教授约翰·卡萨达（John D Kasarda）提出，认为空港都市区是机场城市化的一种新的城市形态。国内吕斌等专家认为，空港都市区是由以机场为基础的机场城和空港相关产业集聚的周边区域共同组成的区域，它并非行政上的概念，而是一个城市功能实体。[2] 另有王旭等认为，空港都市区是在交通运输促进经济发展的第五次浪潮过程中出现的新的城市化模式，是大都市区多中心化过程中的新增长极。[3]

2.1.3 空港经济区与城市、都市区的关系

机场航空作为最具时代特征的交通方式，不仅仅是一种单纯技术和运输需求的产物，它经常以城市最重要的主导产业的身份带动着城市的工业化发展，并不断促进区域都市化的形成。

1）空港经济区与城市的区别关系

空港经济区，俗称空港城、航空城，是一座城市，但它又不同于一般的城市，有它自己的特殊性，而对于机场地区来说更有其具体的情况和条件。研究这

1 滑战峰．临空经济区发展的国际经验与我们的对策（一）［EB/OL］．http：//www.jjxj.com.cn/new.

2 吕斌，彭立维．我国空港都市区的形成条件与趋势研究［J］．地域研究与开发，2007（2）：11~15.

3 王旭．空港都市区：美国城市化的新模式［J］．浙江学刊，2005，（5）：12~17.

些共性和个性，有利于我们进行航空城的城市开发和产业发展。航空城也许就是一座城市，也许是某个大城市的一部分，与一般城市不同之处在于：

（1）空港经济区的发展以机场为核心，土地利用受飞行噪声影响、飞行净空保护和机场电磁保护等特殊要求的制约。

（2）空港经济区集聚着一大批近机场而有益的各种设施群，这些设施与机场、航空运输等直接或间接相关。

（3）空港经济区的规划建设遵守与机场功能分区相应的城市功能分区之原则。

（4）空港经济区一般具有地价较母城区低的优势。由于机场一般建在离城市建成区较远的地方，因此地价较低，有利于吸收投资，引进产业。

（5）空港经济区具有高质量的市政公用基础设施。由于机场对市政公用基础设施的标准较高，使得航空城从一开始就具有了高质量的道路、水、电、气等基础设施系统。

（6）空港经济区具有优于母城的良好自然环境。由于机场一般建在郊外或海边，使得随其发展起来的空港城比较贴近自然，拥有良好的自然环境。

2）图解空港经济区发展——空港都市

空港都市是空港经济区一种发展形式。所谓“空港都市”，是指像都市区（Metropolis）的发展那样，空港周围逐步衍生出了越来越多都市的功能和活动。空港本身虽然也已经具备了多种功能，但它不仅不能独立生存，更会不断地向空港外的都市类活动增值。如果这两者实现近距离的结合，就形成了空港都市。从中也可以看到，空港和都市的发展拥有特定的互动内容。就阿姆斯特丹空港地区而言，在空港周围落地的各国企业已经超过1100家，他们主要来自下面八个行业：信息技术（IT）、航空航天、汽车、医药科技、电子、金融服务、物流和其他专业服务。有美国专家将这个空港城地区的产业与空间关系抽象为一个相对典型的模型。（图2–1）

我们可以这样解读图2–1关于空港城地区的产业与空间关系的基本构思：

（1）这不再仅仅是一个机场的设计，而是一个城市的设计；

（2）在空港内（环路内），利用有限的空间而设置的服务设施都是可以支持高租金的活动，就像在市中心一样；

（3）空港圈外，各类活动和园区的土地利用设计，是以时间的敏感程度而排列，距离机场越近，时间敏感度越高；

（4）空港本身以各种轨道和公路交通方式与城市其他地点连接；

（5）某些业务必须与机场紧邻，比如自由贸易区，这与我国目前在港口实施的区港联动政策是一致的。

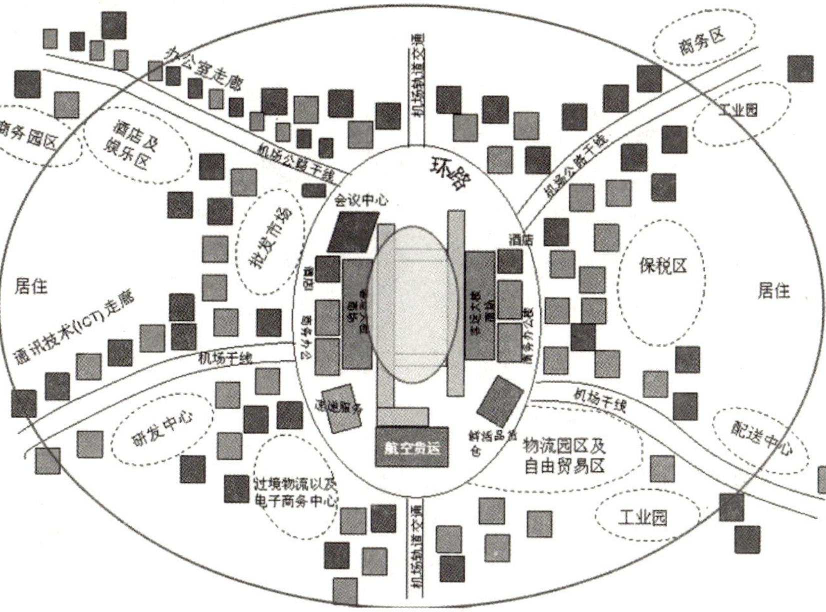

图 2-1　空港都市（Areotropolis）概念

3）空港都市与原有城市中心关系

以阿姆斯特丹的史基浦空港为例，现实的史基浦空港城与这个空港都市区概念有一个最大的差别，就是它实际上是一个区域内相对散落的实体。除了土地所有权方面的原因外，重要的是看不见但听得见的限制：沿着跑道起飞方向形成典型机场噪声。从图 2-2 中可以看到，从 1965~2000 年期间，阿姆斯特丹建成区面积逐渐的增加，清晰地呈现出一个与机场不规则形状相对应的图形，即空港城它所反映出来的是这个多向跑道的机场造成的发展烙印。因此，当该空港城成为一个磁力中心与原来的市中心并存的时候，它们的形状非常不一样，但却巧妙地结合了起来（参见图 2-3）。

这样的发展模式引发人们对空港都市与原有城市中心关系的探讨。首先，我们明显看到枢纽空港城聚集有更多的高科技产业和物流产业。第二，位于市中心往机场的方向土地租金高于城市其他方向的租金，这不仅说明空港城有提升整个城市经济的作用，同时也说明它将城市空间向机场一带拉动。这种关系体现了城市对外连接的可达性和连接度成为影响城市发展走向的关键因素，阿姆斯特丹的新城市中心 Zuidas[1] 在老市中心的南面，在史基浦机场方

1　荷兰语“南轴”的意思 .

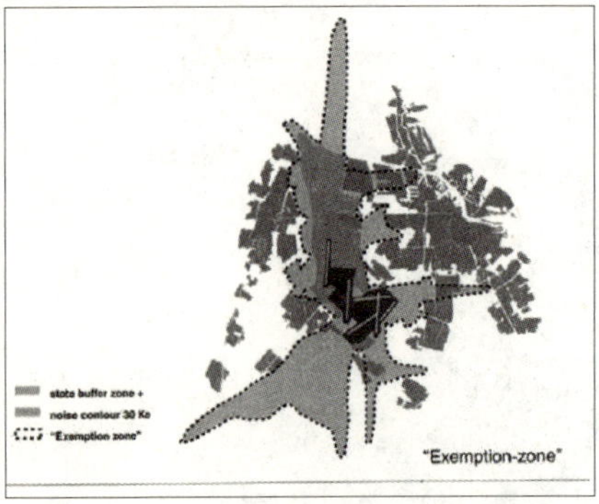

图 2–2　阿姆斯特丹史基浦机场噪声分布与城市建成区发展的关系

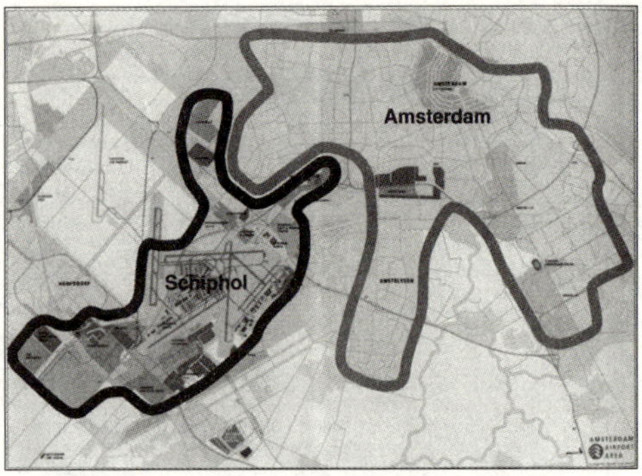

图 2–3　空港周边区域空间发展模式示意图

向的发展轴正中间。第三，这个空港城的另外一侧接近海港，而整个地区又是荷兰政府全力推行的国家“主港”（Main Port）发展策略的一个组成部分，因此，从本质上相比，空港城更有西欧运输与物流服务中心的功能，而老市区则是以文化与居住为本，结果，一个是人气聚集，一个是物流聚集，这种相对明确的功能差异带来了一个特别的好处：在土地供应上，政府可以通过稍微供过于求的方式，使得空港城范围内的物流业场地相对欧洲其他同级枢纽机场（如法兰克福）附近地区更有竞争力，同时，由于其土地类型不同又不影响老市区土地的合理定价。

当然，空港城也不一定就只会向着城市的方向发展，但有两点则是肯定的：一是它会与良好的地面交通系统配合发展，二是它的发展与所在地点附近行政区域单元（从区到市）如何合作有关，如斯德哥尔摩、苏黎世、阿姆斯特丹等城市都遇到这一类的问题（图 2–4）。

4）空港与都市区关系

空港的建设会以各种不同方式对外围都市区内其他地区的经济活动产生

图 2–4　赫尔辛基、苏黎世、阿姆斯特丹空港城的发展方向与主要交通线的关系

影响，主要体现在：

（1）某些经济活动可能从都市区内其他地区转移到空港附近地区，这对于整个区域而言并不是净增长，只是产业转移。

（2）由于区域生活质量和投资环境的改善，以及航空服务水平的提高，新的经济活动和投资项目被吸引到都市区中来，但不一定在空港周围。

（3）空港及其相关产业的发展和就业供给能力的扩大，增加了对本地其他产品和服务的需求，从而间接推动了都市区经济的发展。由于空港相关产业雇佣员工的消费以及消费提供者所产生的额外消费，又对另一些产业的增长产生诱增效应。

（4）大的国际航空枢纽能够提高都市区的声望和知名度，增强都市区作为地区或国际商务中心和会展中心的地位，从而推动城市国际化的建设和发展等等。

这些方面都是我们对揭阳空港经济区产业类型、规模、布局进行分析所必须考虑的。

总体而言，空港地区与它所依托的大都市区之间呈现出相互补充、相互促进的关系，如下图 2–5 所示。空港相关的产业可以为大都市区产业服务，促进它们的增值和升级，而大都市区的产业发展又能增加空港的客货运量，支撑空港相关产业的发展。

根据空港经济区的发展阶段、规模等级以及功能设施的不同，可将其分为三种类型：主业型、专业型和综合型。

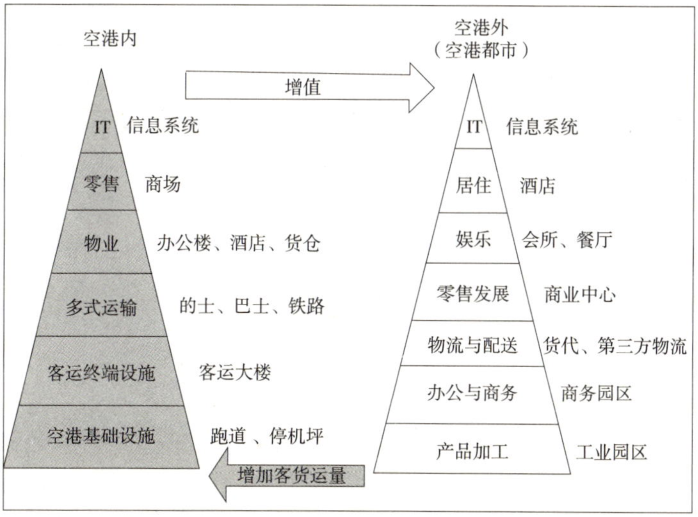

图 2–5　空港与都市区的相互关系

2.1.4 空港相关概念关系理解

空港经济是20世纪中后期尤其是21世纪出现的新型经济形式，空港经济区、空港城是一种新兴的城市发展模式。机场从选址，到规划建设，再到发展成为空港枢纽地区，依托机场的航空运输和综合优势，慢慢发展临空经济和逐步形成一定规模的临空产业，最后再发展成为空港城。也就是说空港地区发展大致经历了由航空运输区向临空产业区发展和由临空产业区向空港城发展的两个阶段，这是一种新的经济发展进程，也是一种具有现代服务性特征与新经济时代特征的新型经济形态。对于这种新兴且复杂的经济形态，社会各界和政府都给予广泛的关注，专家学者也将其作为热点进行研究。但至今国内外对空港领域诸多概念尚无统一定义，对其地理位置和区域范围的划定也没有一个明确的标准。

因此，本研究有必要对以上的概念定义关系进行梳理小结，以便于对空港地区进行分析研究。

1）临空经济区与空港经济区

笔者认为临空经济与空港经济概念接近，主要区别在于空港经济包括机场核心部分，但是临空与空港经济区规划主要核心还是"临空经济"，即机场带来的空港周边地区产业，因此本研究不从根本上绝对区分两个概念。从经济区规划的整体性出发，笔者认为"空港经济区"较为全面。(见图2-6)

2）空港经济区与空港都市区的关系

空港经济区是一个较广义的概念，包括了不同层次、不同类型。空港都市区是空港经济区最为高级也最为复杂的一种发展模式，具有所有临空经济区的一切共同点，也有其自身的独特之处——其所依托的机场必须是具有重要地位的国际门户机场；其地域范围比一般临空经济区更广，结构更复杂；其产业内容较一般临空经济区更丰富多样，对产业的选择和发展规模的要求也更为严格；作为一个大都市区多中心发展中一个新增长极，空港都市区对区域经济的影响也比一般临空经济区大得多（见图2-6）。[1]

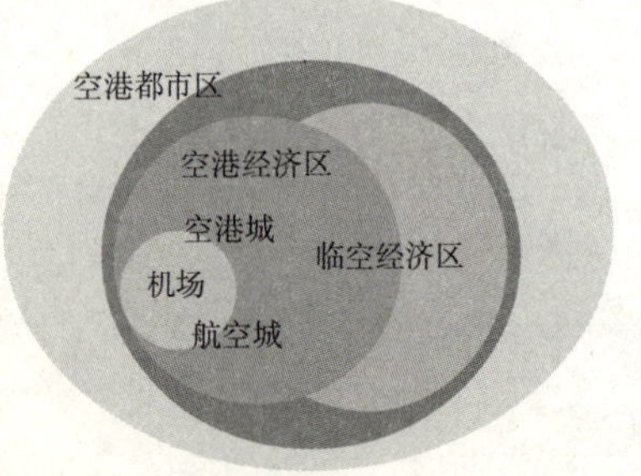

图2-6 空港地区概念之间关系图示

1 吕斌，彭立维.我国空港都市区的形成条件与趋势研究［J］.地域研究与开发，2007（2）：11 ~ 15.

2.1.5 空港经济区与开发区的关系

1980年我国开始建立了经济特区。1984年5月党中央、国务院作出在沿海开放城市率先创办国家级开发区的重大决策。1986年国家批准实施高科技研究发展计划（863计划），1988年又批准实施高科技产业发展计划（火炬计划），并于1988年批准建立了我国第一个国家高科技产业开发区——北京新技术产业开发试验区。继经济特区、经济技术开发区后，出现了边境合作区、保税区、国家旅游度假区、高新技术开发区、空港经济区等城市开发的多种形式。

对普通经济开发区和空港经济区比较而言，产业在空间上的聚集性，土地的高效益、高产出是其共同特征。虽然一个地区经济的结构特点受到多种因素的影响，但在机场周边聚集的企业形态与特征，一定是直接或间接受到机场的作用，因此机场的影响是临空经济产生和发展的主导因素，这决定了临空经济与其他的经济模式有着鲜明的差别。在临空经济区内，与机场的联系是各临空产业共同具有的，这种联系的紧密程度决定了各产业的内在特征，这种内在特征造成在机场周边地区的地域空间结构。临空经济区内各产业与机场的联系和各产业之间的联系共同形成一个有机的综合体，在机场这种主导因素的影响下向前发展。这是其区别于普通开发区的鲜明特征。

空港经济区是具有临空鲜明特征的一种开发区形式，因此，空港经济区的管理模式研究，不仅需要研究近年来我国空港经济区管理体制探索经验，更要研究我国开发区管理实施运作体制。

2.2 空港地区临空经济的形成机理与特征

2.2.1 空港对地方经济影响机制

空港通过原生效应、次生效应、衍生效应和永久性效应对地方经济活动产生影响。其中原生效应和次生效应主要通过机场的建设和运营所带来的就业、税收等来体现，是机场本身所产生的经济价值。衍生效应，源自被机场吸引到本地建厂的个人和产业，特别是高科技产业对地方经济的刺激和推动作用。邻近主要机场，获取高质量高效率的航空服务是这些产业被吸引的关键，如今，大部分商业活动都依赖航空运输，现代型企业尤其需要直接交流，而这些交流只有通过高效的交通服务才能实现。对于地区经济前景而言，正是这种企业构成了长期经济增长的基础，因为他们具有地理流动性，并且代

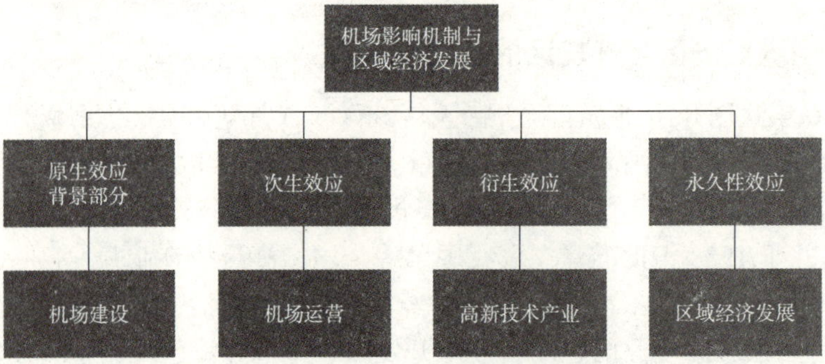

图 2–7　机场影响机制

表着主要的增长部门。永久性效应则是由于机场的触发作用导致地区经济的起飞进而引致的地区长期和稳定的发展，这种效应难以量化，但却是持久存在的。

在上述各种效应作用下，机场临近地区会吸引大量的经济活动，根据影响效应的不同，这些活动与机场的空间关系也不同，具体分析将在下面的章节中展开。

2.2.2　空港地区临空经济的形成机理

1）临空经济形成的条件

临空经济的形成有三大条件：一是空港本身，也就是所谓中心机场的客流量和货流量达到一定的程度，这个地区才能形成临空经济；二是机场周边的城市以及这个国家经济达到一定的发展程度之后，临空经济才能形成；三是空港周围有一大批能够提供税收和就业机会的企业，这是一个非常重要的标准，如果离开这个条件，临空经济也就难以形成。

在这些条件中，机场及其所在区域的经济发展水平对临空经济发展具有重要作用。一方面，机场是临空经济发展的前提，没有大型机场的存在，也就谈不上发展临空经济；另一方面，机场所在的城市或区域为临空经济的发展提供了支撑，失去腹地的支撑，临空经济就会成为孤岛经济。深入分析临空经济形成条件之间的深层作用机理，对于加速临空经济发展有着积极的意义。

从一定意义上说，临空经济产生与演进的过程，也就是机场、空港区和腹地区域经济相互作用的过程。分析临空经济产生的一般机理，有助于进一步把握三大条件的作用机制，从而为制定适宜的经济政策提供科学依据。

2）临空经济形成的机理分析

随着经济全球化进程的加快，人民生活水平的迅速提高，市场经济竞争的不断加剧，使得具有时间约束的产品及生产方式，在经济发展中所占的比重越来越大。为了配合这种新的经济发展模式，航空这种快速的运输方式起到了愈来愈重要的作用。在一些拥有枢纽机场的经济发达地区，随着机场规模的扩大，客、货运量的大幅增长，以及航线网络在全球的扩展，机场开始逐渐对其周边地区的土地利用模式和产业布局产生影响，更多的受时间约束的企业将毗邻机场选址，使其产品在最短的时间内进入市场或下游流程，保证其员工在有效时间内完成更多、更有效的信息交流。

由于临空经济不同于一般的经济模式，它随着机场的产生而产生，随着机场的发展而发展，缺少机场作用的经济模式不能界定为临空经济，因此，机场的产生和发展是临空经济产生的动因之一，但机场的作用仅是为临空经济的产生提供了潜在的可能性，这种潜在的可能性，只有在具备了一定的客观条件后才能转化为现实的事物。这种客观条件就是经济发展到了一定阶段后，作为微观经济单元的企业，其自身所产生的需求发生了改变，企业趋向于机场周边，可以获得更高的利润。因此，临空经济一定是在机场和经济环境两种因素的共同作用下而形成的。

临空经济形成机理包括宏观与微观两个层次：

（1）临空经济形成的微观机理分析——时间价值指向下的企业区位选择

随着经济全球化进程的加快，经济发展的模式也发生了很大的变化，这使得有些企业的区位偏好发生改变，企业在一定经济阶段的运费指向、供给指向和市场指向的作用下逐渐发展成时间价值指向，形成以节约研发时间、新产品以最短的时间进入目标市场的柔性化生产方式为特征，时间价值最终成为影响企业成本与收益的最重要区位因素，机场成为企业的区位决策的目标指向。航空运输使得区域生产要素的聚集和扩散行为变得通达而迅捷，加速了区域能量流与物质流的流动。因此，在经济发展的新环境下产生的企业区位需求，也是临空经济产生的动因之一，两者的有机结合共同促进临空经济的发展。

针对机场对区域内企业活动的影响，我们可以将空港地区定义为与机场相关的四类位置：机场、机场毗邻地区、机场邻近地区或到机场具有良好可达性的走廊地区、都会区或区域中的其他地区。每一类都有与机场相关的企业不同特征的类型和不同的开发时续。我们将这些特性与包括机场需求、地区经济、地方交通可达性以及土地市场在内的各项解释性因素进行相关分析。

a. 机场（空港区）

机场就业依赖于机场总的空运量，而空运量不仅取决于机场所服务地区的人口数量，也取决于机场的空运功能。与机场运转相关的就业包括：航线、飞机支持服务、乘客服务（包括：饭店、商店、负责汽车租赁和地面交通的部门）、空运服务和政府活动（包括：移民）。乘客数量和机场就业之间有一定的相关性。

b. 机场毗邻地区

紧邻商业机场的典型活动包括：直接支持机场运转的那些服务（航班厨房、飞机维护服务），为机务人员服务和乘客服务的那些服务（旅馆、饭店和租车设施）和与机场相关的货运服务（运送、货物运输、海关以及部分地区设立的外国商务区）。这些活动通常位于机场毗邻的留作这些用途的地区，他们通常开始出现在机场投入运营之后的一年内。对于这三类活动中的每一类，其就业水平直接与机场作为飞机服务中心、旅客终到站、抑或货运发端点或终点的相应级别成比例。

c. 机场邻近地区或到机场具有良好可达性的走廊地区

在大部分城市，机场周边最大的经济活动中心在距机场 6 公里的范围内，或者沿着到机场 15 分钟的交通走廊。对于这些地区的开发，主要由附属产业和被吸引而来的企业支撑。附属产业包括加油站、机场工作人员的食宿和为他们服务的零售商业，在这一范围内，他们的运营不直接依赖于机场，但是他们看中接近机场的位置，因为这样更能显示身份地位和更好地享受空运服务，同时，也方便顾客和员工乘飞机到达。这些活动通常在机场运营步入正轨之后，经历 5~10 年，其增长直接伴随着机场活动水准的提高。

在吸引到特定机场周边地区的企业的总的构成中，虽然有一些相似的地方，但有着很大的差异。通过汇总所有距离机场 6 公里范围内的企业的详细特征进行分析得到：通常，在机场周边聚集度最高的是交通运输服务、货运投递服务、仓储和那些其产品具有高重量依赖性的高技术导向企业（例如，电子、光学和计量器具）。通过对 3 个机场周边地区的企业进行比较表明，交通运输和仓储企业比重相对固定，而制造业和服务企业占有的比重则变化幅度很大。这一差别，可以用于解释区域经济和机场位置方面的不同。

此外，通过对其他一些美国机场的研究表明，在机场 6 公里范围内的就业率要比机场所在大都会地区郊区环就业增长率快 2~5 倍。从这一数据，我们可以根据企业不均衡地被吸引到和积聚在机场周边地区的程度，对这些企业进行分类（表 2–1）。

机场邻近地区吸引商业活动的类型　　表 2–1

一级	三级
• 空中运输服务 • 飞行设备 • 光学设备与镜头制造 • 交通设备制造 • 电子配送设备制造 • 货物发运	• 汽车零售 • 印刷及出版 • 转型的纸业制造 • 辅助电子元器件制造 • 建筑 • 公共汽车和出租车 • 建设服务 • 旅馆及汽车旅馆 • 停车场 • 医用设备制造 • 汽车相关服务 • 专门塑料制品制造
二级	**四级**
• 电子电器设备制造 • 特殊化学产品制造 • 公共仓储 • 仪器仪表制造 • 空中运输服务 • 邮件及配送服务 • 特殊构成金属制品 • 药品批发	• 旅行社 • 公共仓储 • 特殊机械 • 邮件及相关服务 • 计算机数据程序服务

机场周边地区对企业活动的吸引和土地开发可以持续 5~20 年甚至更长，其时序和开发总量不仅取决于机场和空运服务的性质，也决定于当地交通的可达性、都会地区经济的发展特征和土地开发模式等因素。

d. 都会区或区域中的其他地区

新建和扩建的机场对都会区或区域中其他地区有多种不同的影响。每一种类型都必须在清算总的区域影响中得到处理。由于一些企业活动可以从都会区中的其他地区重新选址在机场临近地区，这对区域整体而言不会净增长也不会净减少。同时，也由于该地区生活质量的提高和空运服务的升级，一些企业可以被吸引到都会区，但不专门在机场临近地区。如果将经济增长只归结为机场未免有些夸张，因为它只是影响企业选址的因素之一。一些经济增长发生在都会区中的其他地区，这是其与机场相关企业方面的净的区域增长带来的间接影响，因为这些企业反过来会增加对其他地方物品和服务的需求。其他企业增长的发生是机场相关企业及他们的供应者所雇佣工作人员的消费而产生的诱发作用。

（2）临空经济形成的宏观机理分析——双向互动的自组织机制

从上述对微观企业的分析可以看出，机场的存在为临空经济的发展创造了潜在的可能性，企业在经济发展中对区位偏好的变化，是临空经济发展的直接表现。然而，微观经济主体的区位偏好变化是经济发展到一定层次的产物，国际临空经济发展的历史与经验表明，空港所在区域的人均 GDP 达到 3000 美元以上，才会保证临空经济这一特殊的经济模式稳定、健康发展。也就是说，腹地经济的经济支撑（包括制度供给）也是临空经济产生的必要条件。临空经济的产生和演进是在机场、空港区和腹地经济三者互动的自组织机制中实现的。同所有经济区域一样，临空经济区也具有自组织演进的特性，具有较为完整的经济结构，能够相对独立地组织自身以及与其他区域的经济联系。

临空经济的这种自组织能力是在一种独特的作用机制下市场选择的结果，它要求机场、空港区和腹地经济在市场的作用下，有机协调，双向互动，为保证这一机制的顺利实现，临空经济区内除了典型的航空指向性产业外，还必须具有实现经济高级循环的产业，如金融保险业、信息服务业等。图 2–8 揭示了临空经济产生的机理。如图 2–8 所示，枢纽机场作用于相关经济活动，一方面是临空经济的“发动机”；另一方面，机场的经济活动又将对腹地区域产生直接或间接的作用，服务和带动区域经济发展。空港区作为临空经济的内核，与紧临空港区和空港相邻地区共同构成了临空经济区。腹地经济的发展则为空港区经济发展提供了制度供给与经济总量支撑。当然，空港区与腹地区域的经济发展也会反作用于机场经济活动，这对机场经济活动提出新的

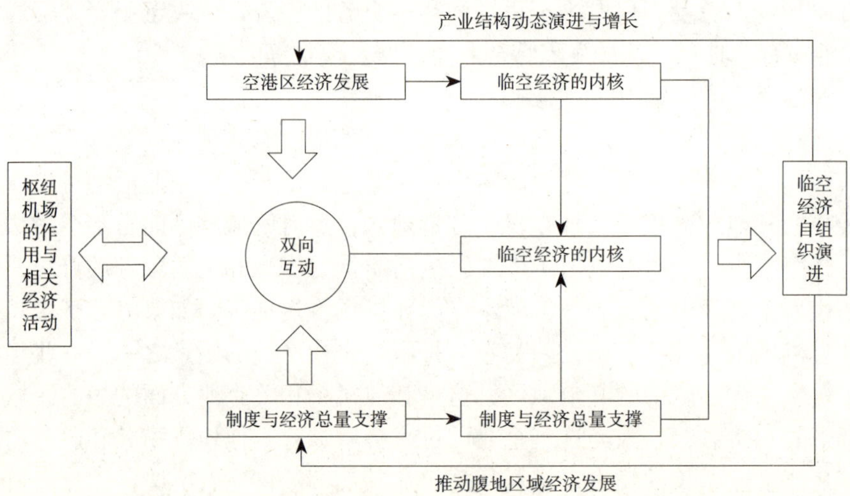

图 2–8　临空经济生产的机理

要求。这种双向互动机制的作用，是在市场这一“看不见的手”的作用下实现的，我们只有认识并把握这一机制，才能制定出科学有效的经济政策，并与这种自组织机制形成协同效应，共同促进临空经济的形成与发展。

图 2–8 中所示的自组织机制是区域经济形成与发展中一种独特的经济现象，通过这一现象表明，在一个没有政府行为的简单经济中，微观经济主体之间是在市场的力量下相互作用、相互影响，进而实现临空经济区的空间演化的。由于临空经济属于一种较高形态的经济发展模式，加上区域经济的发展，更加强调空港区和腹地经济的双向互动与协调。一方面，空港区是临空经济的核心所在，经济个体的相互作用与发展都在其间实现；另一方面，临空经济的柔性化特征，需要与区外的科研动态、市场动态有最佳的联系与反应，需要腹地经济为其提供必要的经济支撑。

事实上，临空经济的自组织与这种双向互动机制恰好也暗含了政府的作用。由于临空经济有其自组织的特性，而双向互动的机制则需要两级政府的协调与沟通。首先，临空经济区所在地的政府所制订的政策要与自组织的市场要求相一致，违背了自组织的内在规律，结果往往事倍功半，甚至事与愿违；相反，符合自组织规律的政策将强化这种运行机制，加速经济发展。其次，临空经济区所在地的政府所制订的政策还应与临空腹地经济所在地的政府制订的政策相吻合，只有这样才能够实现腹地经济对临空经济在制度与总量上给予支撑。

3）临空经济的特征

临空经济作为一种新的经济形态和经济模式，具有不同于其他区域经济的显著特征。总体来说，临空经济具有以下六大特征。

（1）临空指向性

由于机场是产生临空经济的内核，机场的直接或间接影响是企业聚集在机场周边的原动力，机场影响到了企业的各个层面，使得企业具有临空布局的偏好，因此，临空经济具有临空指向性。

（2）技术先导性

由于临空经济吸引的主要是高科技产业，在技术上最先进，能够带动相关产业升级，因此，临空经济在技术上具有先导性。

（3）市场速达性

世界高效快速以及网络化的发展趋势，正在改变着行业竞争的规则，以及商业企业选址的规则。这些规则随着数字化、全球化、航空和以时间为基础竞争的发展而不断变化，然而企业的产品只有快速到达市场才能赢得竞争优势。在临空经济区布局的企业，其选址的主要动因是充分利用航空运输这种快捷的运输方式，因此，临空经济具有市场速达性。

（4）产业聚集性

临空经济区的企业具有临空指向，因而形成了对机场的向心力，这种向心力使得相关联的企业容易在空间内聚集；同时，技术的先导性能够带动产业升级，并发挥优势作用，进而吸引相关产业聚集，因此，临空经济具有产业聚集性。

（5）全球易达性

枢纽机场的全球航线网络，使得到达世界各大重要工商业城市变得容易。货物和人员的这种全球易达性，正是吸引跨国公司的重要因素。跨国公司为了寻求全球最低成本，将各个分公司和子公司开设在最适应发展的区域;同时，为了满足当今世界快速高效的发展趋势，把公司开设在机场周边地区成为最理想的选择，因此，临空经济具有全球易达性。

（6）空间圈层性

企业对机场的利用程度各不相同，造成了企业同机场紧密度的高低；企业按照成本收益原则进行选址，这种紧密度自然会造成不同位置的不同收益；这种包含时间在内的广域的收益会使得企业在机场周边进行布局，长期的调整会使得机场周边地区呈现经济空间圈层化的发展趋势，因此，临空经济具有空间圈层性。

4）临空经济的阶段性发展特征

临空经济的产生与发展，是机场、空港区和腹地经济三者相互作用的结果，也是三者相互作用的过程。在该过程中，临空经济发展的主导因素和环境条件都在不断发生变化，使得临空经济的产业构成与空间布局呈现出显著的阶段性特征，同时也使临空经济在不同的发展阶段发挥着不同的作用。爱尔兰香农自由贸易区的开发与建设就是一个典型的例子。始建于1959年的香农自由贸易区，紧邻爱尔兰西部的香农机场，作为当时的出口加工基地，成为爱尔兰临空经济发展初期的一种形式。此后，自由贸易区的发展经历了农业型、加工生产型、服务产业型和知识经济型四个阶段，其产业类型也由最初的简单装配、纺织印染等劳动密集型产业，发展到目前的生化制药、信息通信、电子机械、软件、医疗器械等资本密集型和技术密集型产业，因此，阶段性发展是临空经济的一个显著特征。准确把握临空经济发展的阶段性特点，以及临空经济在不同发展阶段中的具体特征，对于我们掌握临空经济的发展规律，研究临空经济的产业布局和制定临空经济的发展规划，都具有十分重要的意义。

临空经济区位于机场周边，机场离市区的平均距离是20~30公里，而这个区域相对于市区正好处在城乡边缘区内。由于城乡边缘区的增长受到城市化进程的影响，因此城市化的发展阶段直接影响着临空经济的增长，同时作为临空经济发展依托的机场，也在深层次影响着临空经济的形成和发展。因此临空经济的增长受到了城市化和机场的双重作用，而且在临空经济的不同发展阶段两者所起的作用也不同。

临空经济的发展是一个由起步到逐渐成熟的过程，在此发展过程中，推动临空经济发展的主导因素和促进临空经济发展的环境条件均发生实质性的变化，从而导致了临空经济发展整体特征的改变。以临空经济整体特征的改变为时间界限，可将临空经济的发展分为三个阶段，即临空经济的起步阶段、发展阶段和成熟阶段。[1]

（1）临空经济的起步阶段

在临空经济的发展初期，起作用的主导因素是城市化的进程。作为城乡边缘区的一部分——临空经济区，在初期必然按照城乡边缘区的演进进程进行，而城乡边缘区是特定条件下，城市和乡村两种异质空间相互作用的结果。随着城市化进程的不断深入，城市的人口和企业的外迁直接促使城乡边缘区的发展。

这一阶段无论是临空经济这种特殊经济形态的形成，还是临空经济产业的构成与布局，在很大程度上都具有较强的自发性，这种自发性的产业转移使得该阶段临空经济的产业构成与产业布局呈现出以下特点：

a. 临空产业以传统制造业为主，临空指向性较差

随着城市化进程的加快，原来聚集在城市中心的工业部门在城市用地日趋紧张，环境问题日益突出，城市交通条件不断恶化的情况下，开始在城市外围寻求进一步发展的空间，而位于城市边缘区的机场周边地区，以其廉价的土地、便利的交通成为这些工业部门的理想选址。因此，基于疏散城市工业背景下的产业转移，使得临空经济发展初期的产业构成主要以第二产业为主，尤其是以传统的制造业为主，临空产业的临空指向性较差，其主要原因就在于城市化的影响效应大于机场的影响效应。

b. 服务于机场的航空服务业形成，但功能较为简单

临空经济发展初期，除了从城市中心迁出的第二产业以外，还出现了以机场为核心、以服务于机场和航空公司为主要功能的航空服务企业，主要包括机场的候机楼服务、机务维修、航油航材、地面运输，还有航空公司的地

1 临空经济发展战略研究课题组．临空经济理论与实践探索［M］．北京：中国经济出版社，2006：57-65.

勤服务、旅客配餐、行李运送、客货代理，以及少量为空港工作人员和旅客服务的宾馆、餐馆、零售业等等。由于这个阶段的机场客货流量小，起降航班数量有限，对航空服务要求不高等诸多原因，服务于机场与航空公司的航空服务业规模偏小，服务功能较为简单。

c. 临空产业相对独立，产业关联性较差

临空经济发展初期，临空产业主要由从城市中心迁移出的第二产业和为机场、航空公司服务的航空服务业组成。这些产业之间相对独立，很少存在相互间的关联。造成这种状态的主要原因是：对于从城市中心迁移到机场附近的工业部门来说，因其正处于企业纵向一体化经营阶段，厂址的改变是基于企业自身经营决策的考虑，几乎与其他企业无关；而对于那些刚刚出现的航空服务业来说，因其主要以机场为核心、以为机场与航空公司提供所需服务为目的，相互之间的产业关联程度也较低。

d. 临空产业主要分布在机场空港区和紧邻空港区

临空经济在起步发展的阶段，临空产业主要分布在机场空港区和紧邻空港区，其中航空服务业因其自身为机场和航空公司提供服务的特性，必然选择机场空港区和紧邻空港区作为其产业布局的空间；而从城市中心迁移出的制造业，因其追求土地价格的廉价、机场附近交通条件的便利和基础设施的完善等因素，也在紧邻空港区布局。从总体上看，临空产业在机场附近的分布范围不大，空间结构的层次比较简单。

（2）临空经济的发展阶段

当城市化进程发展到郊区化阶段时，城市外围快速环线系统的完善，极大地促进了城市边缘区的发展，使得位于城市边缘区的机场地区发展潜力增大，发展活力增强。该阶段临空经济的发展得益于两个方面的因素：一是航空运输需求加大。随着区域产业结构调整步伐的加快，大多数传统产业得到改造，新兴的高新技术产业不断涌现，高新技术产品自身的特性决定了其对航空运输有较强的依赖性和巨大的需求；二是航空运输供给加大。随着对航空运输需求的增加，机场纷纷加强自身建设，通过扩充机场规模，完善服务功能，增大航线网络覆盖面，使得机场的航空运输供给能力得到很大的提高。因此，正是航空运输需求与供给的同时增加，使得机场的区位优势日益明显，促使对航空运输需求较大的企业在机场周边地区高度聚集，从而使临空经济呈现出发展阶段的诸多特征。这时机场对周边地区的影响加强，依靠其集聚效应和扩散效应吸引企业集中在机场周边，而且机场的影响力逐渐超过城市化的影响力，临空产业开始在临空经济区内占主导地位。

在此阶段，临空经济的产业构成与产业布局呈现出以下特点：

a. 临空产业以高新技术产业为主，临空指向性显著增强

随着科学技术的进步以及科技成果的推广与应用，高新技术产业的不断涌现，呈现出其产业比重逐渐提高的趋势。高新技术产品一般都具有体积小、重量轻、产品附加值大、单位产品运费承担能力高等特点，特别适合于航空运输。除此之外，高新技术产品的生命周期短，市场变化快，客观上企业生产要尽可能提高原材料、零部件和产品的运输速度。因此，机场以其独特的区位优势，便利的交通条件，完善的基础设施以及丰富的航空运输资源，吸引着众多高新技术产业在此聚集，从而使高新技术产业成为临空经济的主导产业，极大地增强了该阶段临空产业的临空指向性。

b. 机场航线网络扩张，外向型临空产业开始占据主导地位

随着经济全球化进程的加快和跨国公司全球经营的扩张，世界运输结构发生了巨大的变化，航空运输在国际经济活动中发挥着越来越重要的作用，这种作用主要表现在：机场规模普遍扩大，航线网络极度扩张，从而使机场尤其是国际大型机场成为一个国家通往世界市场的窗口和沟通全球市场的渠道。所以，聚集在机场周边地区的国内企业借助于这个窗口，积极实施向海外市场扩张的战略；跨国企业则借助于这种渠道，在全球范围内构建其生产与经营网络，因此，该阶段的临空产业呈现出显著的外向型特征。

c. 航空服务业快速发展，已成为临空产业的重要组成部分

机场规模的扩大，以及航空公司运营业务的增加和运营水平的提高，极大地促进了航空服务业的发展，使航空服务业（以提供与空港直接相关的飞机航行服务、旅客服务以及货物运送服务为主的产业）逐步成为临空产业的主要类型。航空服务业主要包括：一是与航空公司作业有关的客票代理和行李运送；二是与地勤作业有关的导航、加油、消防、保安、紧急医疗等；三是与航空货运业有关的货运代理、货物集散、仓储与转运；四是与机舱服务有关的空厨、机舱清扫；五是飞机维修、商业零售、餐饮住宿服务、汽车租赁等行业。

d. 柔性生产方式的应用迫切要求临空产业链的完善

从 20 世纪 70 年代后期开始，新技术革命加速推进，市场竞争日益激烈，许多行业的产品生命周期不断缩短，消费需求日趋多样化和复杂化。于是，在许多产业部门，尤其是高新技术产业，均不同程度地采用了以柔性技术和柔性组织为特点的柔性生产方式，以提高对市场变化的快速反应能力。在柔性生产方式下，每个企业专注于自己的核心业务，而将非核心业务外包出去。因此，柔性生产方式的应用，必定要求企业间建立一种新型的分工与协作关系，形成核心企业与相关配套企业协调发展的模式。基于柔性生产方式的应用，

就要求临空经济在其发展阶段必须围绕临空主导产业构筑完整的临空产业链，并且通过临空产业链的协调运作实现以临空主导产业带动其相关配套产业的发展模式。

e. 新增产业主要分布在紧邻空港区和空港交通走廊地区

在临空经济发展阶段的初期，新增临空产业首先在紧邻空港区布局，最大程度地获得机场航空服务的便利性和地面运输的通达性给企业带来的收益。但是，由于紧邻空港区的土地资源有限，在临空经济快速发展、临空产业规模极度扩张的情况下，紧邻空港区的土地价格在临空经济发展阶段的后期不断升高，使得这期间的新增临空产业选择空港交通走廊沿线地区布局。这些地区通过城市快速环线或高速公路系统与航空港相连接，也是具有交通高度可达性的地区。

由于该阶段临空经济的发展模式是构建在临空产业链的基础上，实现临空主导产业带动配套产业协调发展，所以临空主导产业与其配套产业的空间布局还呈现出以下特点：临空主导产业尽可能分布在紧邻空港区，而配套企业则根据核心企业与配套企业的关联程度，以及核心企业对配套企业在配送时间等方面的要求，决定其与核心企业间的距离，然后在相对远离机场的地区布局。

（3）临空经济的成熟阶段

临空经济在发展阶段已取得的巨大发展，可以通过机场、空港区和腹地经济三者互动的作用机制，促进机场、空港区与腹地经济的新一轮发展。在新一轮发展中，机场航线网络的扩张、枢纽机场地位的确立以及腹地经济的快速发展，又反过来促使临空经济产业结构不断完善，发展模式更为优化，从而使临空经济呈现出其成熟阶段的诸多特征。

a. 现代服务业的发展促使临空产业结构日趋完善

自 20 世纪 80 年代开始，全球产业结构开始呈现出由“工业型经济”向“服务型经济”转型的总趋势，突出地表现为服务业的发展成为经济增长的重要动力和现代化的重要标志。从一些发达国家和地区的发展经验来看，在一个比较完整的现代经济结构中，制造业与服务业（尤其是生产性服务业）是互动的，制造业整体水平和产品品质的提升，依赖于服务的附加和服务业的整合。而以制造业为主的临空产业面对再一次的产业升级与优化，需要现代服务业的大力支持。因此，现代服务业开始成为成熟阶段临空产业的重要组成部分，并得到快速的发展，同时也使临空经济的产业结构日趋完善。

b. 临空高新技术产业成为全球产业链的主导环节

随着经济全球化的纵深发展，以及发展中国家经济实力的增强和接受国际产业转移能力的提高，高新技术产业的国际转移步伐进一步加快，并且出现新的特征：高新技术产业的国际转移基本上打破了传统的产品周期论，在高新技术产业的发展阶段就开始向发展中国家转移，使得发展中国家再次面临难得的发展机遇。在这次国际产业转移的过程中，跨国公司纷纷建立境外的研发中心，并充分利用当地的人才资源，实施全球性产业发展战略，从而使独具区位优势的临空高新技术产业成为全球产业链的主导环节。

c. 航空制造业开始聚集，形成了航空类产业群落

随着机场规模的扩大和枢纽地位的加强，越来越多的航空公司在机场空港区内以及空港区附近设立基地或分公司等机构，这不仅极大地增加了对诸如飞机导航、机场运营、客货运输、地面运输、客货代理、航材航油供应等航空运输服务的需求，而且也加大了对飞机发动机、飞机零部件等产品及维修的需求。为了满足这些市场需求，国际大型飞机制造商和航材供应商纷纷在机场附近设立航空零部件支援中心、技术服务中心和各种航空培训中心，从而逐渐引发航空制造及维修业向机场地区聚集，并与航空运输业共同发展成为临空经济的航空类产业集群。

d. 基于产业链的集群发展成为临空经济的发展模式

随着临空经济的发展，原有的临空产业链进一步得到延伸与拓展，企业间专业化分工与协作的加强促使网络型企业组织结构的出现，这种基于产业链的临空产业集群是全球产业分工和区域协作的必然结果。临空产业链作为全球产业链中的重要组成部分，在全球经济中发挥着越来越重要的作用。临空产业链在机场周边地区的聚集，通过交易成本的降低、外部经济利益的获得和创新能力的增强，实现发展中的边际收益递增，成为不断提升区域竞争力的重要途径，因此，基于产业链的集群式发展成为临空经济成熟阶段的主要发展模式。

e. 新增产业主要分布在空港交通走廊的沿线地区

临空经济成熟阶段的新增产业主要是现代服务业和航空制造及维修业，其中现代服务业包括以通信服务和信息服务为主的基础服务业，以金融、物流、会展、贸易、电子商务以及中介咨询等为主的生产和市场服务业，以教育、医疗保健、住宿、餐饮、文化娱乐、旅游、房地产、商品零售为主的个人消费服务业，以政府公共管理服务、基础教育、公共卫生以及公益性信息服务为主的公共服务业。航空制造及维修业则主要由飞机发动机和零部件的制造及维修企业组成。新增产业因其土地利用的规模以及与航空运输的关联度各不相同，所以在产业布局方面也呈现出不同的规律。但总的来说，新增产业主要分布在空港交通走廊的沿线地区。

f. 临空经济带动作用加大，成为区域经济增长点

临空经济在其起步、发展和成熟三个阶段的发展过程中，临空主导产业从传统制造业发展到高新技术产业，产业结构不断升级与优化，而现代服务业的迅速发展促使临空产业结构日趋完善；一方面，临空产业间的关联程度逐步增强，基于产业链的集群式发展成为临空经济发展的高级模式；另一方面，临空产业布局以空港区为核心，呈圈层结构逐步向外扩展。因此，无论是临空产业链的延伸还是临空经济区规模的扩大，都使临空经济带动地区经济发展的作用增强，从而使临空经济成为区域经济的增长点。

（4）小结

从图 2–9 可以直观地看出临空经济各发展阶段的特征。

以上所述，仅是临空经济发展的一般性规律。对于像中国这样的发展中国家来说，由于受经济发展水平的限制，临空经济各个发展阶段都呈现出较一般规律不同的特征，这种区别主要表现在：

第一，发展中国家普遍实施赶超发达国家的产业政策，使得临空经济基本跨越了第一阶段的发展，而直接进入到第二阶段。

第二，发展中国家的临空经济在发展之初，政府以优惠政策和廉价土地引导临空经济的发展。但是由于缺乏整体规划发展经验，再加上发展中国家的经济发展水平有限，一些临空指向性较弱的企业进入临空经济区，使临空产业没有严格按照圈层结构的规律逐次布局。

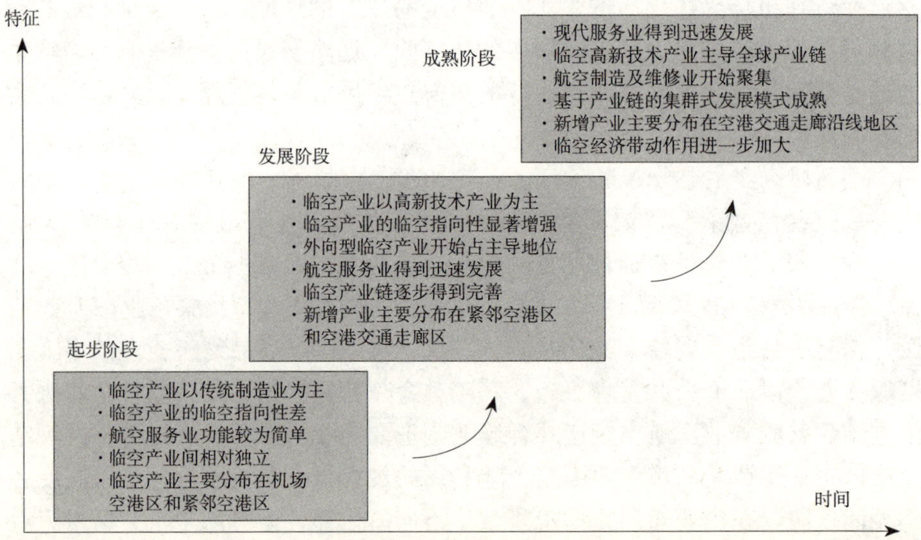

图 2–9 临空经济三大发展阶段特征

第三，随着经济全球化进程的加快，发展中国家为了自身的发展而主动接受国际产业的转移。但是由于发展中国家的工业基础较为薄弱，科技创新能力较为低下，在接受国际产业移入临空经济区的同时，发展中国家没有及时为移植产业构筑完整的产业链条，从而在临空经济发展阶段没有明显表现出完善的临空产业链的特征。

一般而言，空港枢纽地区的经济发展遵循从低等级产业到高等级产业、从临空指向弱到临空指向强、从低附加值环节到高附加值环节、从空港核心区向外圈层辐射的发展过程，这就要求潮汕空港地区的产业布局既要考虑当地的发展基础，完善产业链条，又要把握好新产业的进入门槛，限制临空指向较弱、占地规模大的企业的进驻，并预留出发展的战略空间。

2.2.3 空港地区临空经济的形成结构特征

临空经济的形成有三大条件：一是空港本身，也就是所谓中心机场的客流量和货流量达到一定的程度，这个地区才能形成临空经济；二是机场周边的城市以及这个国家经济达到一定的发展程度之后，临空经济才能形成；三是空港周围有一大批能够提供税收和就业机会的企业，这是一个非常重要的标准，如果离开这个条件，临空经济也就难以形成。

由于机场对区域内不同类型的经济活动产生不同的影响效应，从而使距机场由近及远的聚集着与机场相关的各类行业，从机场服务业到物流、商务、高科技制造，乃至一些与机场相关度较低的行业，都有可能出现，其空间呈现出两个特点：廊道式与圈层式。

一方面，由于机场通常布局在城市的郊区，并且通过放射状的快速道路系统与周边城镇连接，因此产业通常呈葡萄串式布局在空港交通走廊沿线高度可达地区，作为空港所在都市区的开发区或新的生产中心、科研中心或娱乐中心而成为区域新的经济增长点。交通走廊沿线的企业往往与空港有着频繁的人流和物流联系，但与空港的便捷联系仅仅是他们区位选择的考虑因素之一。

另一方面，由于不同产业的附加值及其对机场周边运输条件的依赖性不同，它们在空间上表现为不同的区位选择，造成机场周边地区通常呈现出由机场核心地区向外围的圈层布局模式，但这种结构随着机场通往市区的交通干道及联系成本的大小出现不同程度的变形。图 2-10a 为理想化模式，机场经常有高速公路通向市区，由此产生变形结构，如图 2-10b。

依据国际上机场的空间结构模式，结合国际上对于机场产业聚集方面的研究，通常在机场周边分为四个区：空港区、空港核心区（紧邻空港区）、空

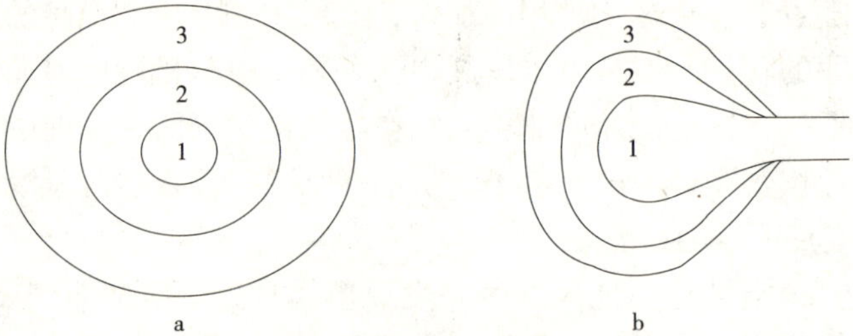

图 2–10　交通干道对临空经济区的影响

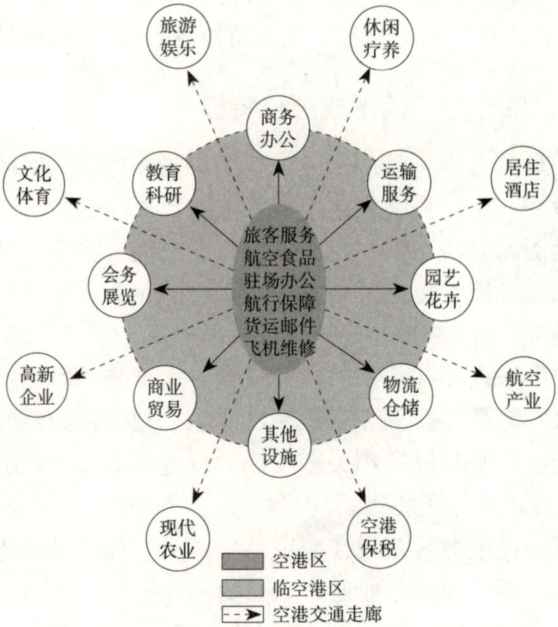

图 2–11　空港经济产业圈层分布

港相邻地区和外围辐射区。（图 2–11）

（1）空港区

空港区的范围通常在机场周边的 1 公里范围内。空港区是机场所在地区，包括机场的基础设施机构和与空港运营相关的行业，如飞机后勤服务、旅客服务、航空货运服务、停车场服务等项目，以及航空公司的办事机构。空港区是最靠近机场的，它是直接服务于机场各方面的功能区，例如现在有些空港区在候机楼内的一些小型航空公司的办事机构，由于房租太高，转向周边的一些住宅区，通过租用民房成为公司在机场的办事机构，这也给周边地区带来一定的商机。相反，在德国法兰克福机场，当晚上进出港的旅客不多时，通过把停车场作为电影院，将商机带进了机场。以上这些举措主要是增加空港本身的非航空收入的方法。

（2）空港核心区（紧邻空港区）

空港核心区通常在机场周边 1~5 公里范围内，主要是空港的商业活动地区，空港的正常运营和在空港区的就业人员都会对周围地区的服务形成需求。因此空港核心区主要为空港运营，还有航空公司职员和旅客提供相关的商业服务。这些服务主要包括为航线、航空直接服务的产业，如航空食品、飞机保养等；为乘客服务的产业，如餐饮、商店、汽车租赁等；为机场工作人员和乘客服务的产业，如宾馆、餐饮、汽车租赁等；为机场货运服务的产业，如运输、转递、海关以及自由贸易区等。这些经济活动的增长和产业的规模与空港的运营水平直接相关，通常在机场开通一年内就会产生，空港开通后 5~10 年才能得到充分发展。

对于潮汕空港地区而言，这个范围主要位于揭东县登岗、炮台镇内。

（3）空港相邻地区与空港交通走廊沿线地区

空港相邻地区通常在机场周边 5~10 公里范围内，或在空港交通走廊沿线 15 分钟车程范围内，主要发展“附属产业”和“吸引产业”。

附属产业主要是由空港对周边产生的需求而兴起的相关产业，例如航空公司的总部所在地，以及所带动的住宅、大型超市、金融机构、教育机构等，这些经济单元的增长与空港的运营水平直接相关，且一般在空港开通 5~10 年后才得到充分发展。吸引产业主要是由空港的供给所产生后间接效应，而吸引的产业，它们与空港运营无直接关系，主要是借助航空运输的快速性和国际航空港航线网络的辐射效应，在更大空间范围内扩展其经济活动，例如高科技产业、会展中心、跨国公司的总部等等。这个地区与空港所在区域的发展条件和特点紧密联系在一起，是临空经济区规划和研究的重点。

对于潮汕空港地区而言，这个范围主要指渔湖新区和揭东县空港三镇的规划范围，此外研究范围还应该扩大到北侧的揭东经济技术开发区、云路镇、潮州市的厦深高铁潮汕中心站沙溪地区和汕头市牛田洋等周边区域。

（4）外围辐射区

对于外围辐射区范围，不同研究作出的界定有所不同。

外围辐射区这一地区通常指机场腹地 10~20 公里范围内的大都市地区。随着机场的扩建或新建，对国际和国内乘客有更好可达性和更高的声誉，一些产业会出现从区域外向机场地区集聚的现象。这些新的产业主要包括：跨国公司或国内公司的总部或地区性总部、商务服务、商业贸易等等。空港在这个区域内随着距离的加大，其影响力逐渐收敛，根据空港规模的大小，其范围稍有不同，临空经济区的边界就是空港的影响力减为零的边界，超出这个边界，其经济活动不受空港的影响，便不属于临空经济的范畴。

对于潮汕空港地区而言，这个范围主要指潮州、揭阳、汕头三市构成的潮汕都市区中心区，尤其是以桑浦山这一区域绿核为中心的三市地理中心区域，大致距机场20公里范围。

市区中的不同地区受航空港的影响不同，因此，空港经济区的发展具有空间层次性的特征。根据接受航空港的影响不同，空港经济区内部可分为多种区位类型，不同的区位，其发展的功能也不尽相同。

国际机场空港经济区外围部分的功能分布状况，可以看出功能的空间分异特征。从经济活动的密度来看，绝大多数机场的邻空港区要大于空港交通走廊地带；从经济活动的类型看，邻空港区经济活动类型相对单一，以物流、工业生产为主；而走廊地带则要丰富得多，既有科技园等高新技术产业，也有大型旅游休闲设施、商贸服务设施，同时还有众多的科研机构。[1]

2.3 空港经济区类型和发展模式

2.3.1 空港经济区的类型

根据空港经济区的发展阶段、规模等级以及功能设施的不同，可将其分为三种类型：主业型、专业型和综合型。

1）主业型

主业型是空港经济区发展的初期阶段，此类空港地区仍以机场核心功能为主如客、货运等，空港对其他经济活动的带动效果不明显，集聚和扩散效应也不显著，机场周边地区开发明显不足。因此，主业型是空港经济区的雏形。随着空港对周边地区的影响越来越强，这种主业型的空港就会逐步向后两种类型转变。

2）专业型

专业型空港经济区的特征是主导产业突出，产业集群已形成一定的规模，同时兼有其他相关产业功能。在发展到一定程度时，专业型空港经济区将向综合型空港经济区转化。专业型空港经济区又可分为以下类型：航空类产业主导型、物流型、交通枢纽型、商务贸易型、居住型等。

1 王晓川.国际航空港近邻区域发展分析与借鉴［J］.城市规划汇刊，2003（3）：65-68.

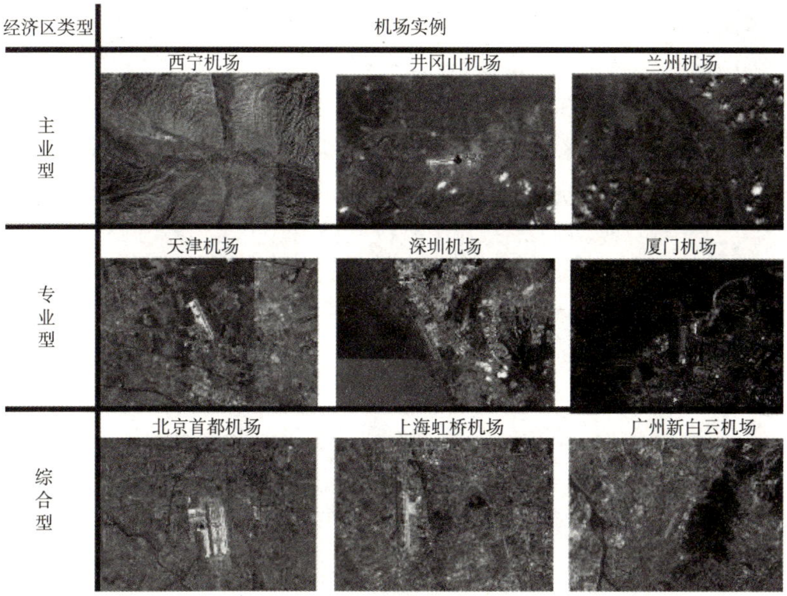

图 2–12　空港经济区类型实例

3）综合型

综合型空港经济区的特点是功能多元化、产业集群化和空间城市化，其用地规模较大，机场就业人口和居住人口也达到相当规模。综合型发展模式适合大型枢纽机场所在地。如我国北京、上海、广州三大枢纽机场作为区域经济的“发动机”，其周边地区的发展目标应与国际性城市定位相适应，形成相对独立的新城。

2.3.2　空港经济区发展模式

借鉴国外空港经济区建设经验，我国空港经济区的建设尚处于成形阶段，根据发展途径，空港经济区有两种发展模式。

1）渐进式发展模式

该模式以机场周边地区现有的城镇为基础，逐渐由机场内部向机场周边地区进行地域空间的扩张和经济空间的辐射，经过长时间演进，最终形成具有城市规模的综合性城市功能区。这种模式具有自发性、无序性和长期性的特点，是一种自下而上的发展模式。一般而言，机场周边城镇的发展相对滞后，这与机场高层次客货需求不相适应。机场与周边城镇在产业布局、人力资源等方面存在着结构性的反差，仅依托现有城镇的内在增长动力尚无法与航空运输业的发展相匹配，难以形成“港为城用、城以港兴”的良性互动机制。

2）跳跃式发展模式

该模式是在机场周边地区进行成片的产业区、居住区和物流园区开发，以产业开发为先导，并在此基础上延续城市化的进程，最终形成航空城。由于干线机场多为远离城区的“城市飞地”，机场的供水、供电等基础配套设施往往只能自给自足，这就使巨额的基础设施投资成为束缚航空城跳跃式发展的“门槛”，对此，成功的解决方法是以兴建开发区的方式逾越“门槛”。由于这种发展模式具有自觉性和先导性，且短期内成效显著，因而被新建的大型机场广泛采用。这种模式是一种自上而下的发展模式，且多为分散组团式空间结构发展模式。从我国一些空港经济区的规划可以看出，基本上都采取了这种发展模式（如表 2–2）。

我国部分空港经济区规划总结 表 2–2

依托机场名称	主要园区名称	园区性质和功能定位	建设规模
北京首都国际机场	天竺空港工业区	电子信息、生物制药、光电一体化、新材料、仓储保税	规划面积为 7.8 平方公里，人口规模为 15 万，首期开发 3.5 平方公里
	空港物流园区	物流仓储、生产加工	规划面积为 6.2 平方公里，首期开发 1.55 平方公里
	林河工业开发区	微电子、光机电一体化、生物制药、汽车零部件、集成电路行业	规划面积为 4.16 平方公里，首期开发 1.31 平方公里
	空港城（以天竺镇为主）	教育、卫生、商业、展览、高新技术产业、金融服务和居住	规划面积约为 100 平方公里，中心区面积为 25 平方公里，规划 2010 年人口规模为 30 万
	顺义新城	休闲健身和旅游度假基地、体育训练中心、中高档生活居住组团	规划面积为 20 平方公里，扩散用地为 36.4 平方公里
天津滨海国际机场	空港国际物流园区	国际和国内航空货物的仓储、分拨、配送、整理、加工、展销等	规划面积为 0.95 平方公里，开发用地面积为 0.55 平方公里
	空港物流加工区	国际物流、保税仓储、电子信息、机械制造、生物制药、汽车零部件、高新纺织技术、新材料、新能源	规划面积为 42 平方公里，首期开发 23.5 平方公里
上海浦东国际机场	上海空港物流园区	海关监管仓储区、近机坪设施区、保税仓储加工区、非保税仓储加工区、相关功能设施区	西园区规划面积约为 1.3 平方公里，东园区规划面积为 4 平方公里
	“一城两镇”式航空城	现代园艺农业区、临空产业区、商贸居住区、工业区、水运区等	规划面积为 48.22 平方公里

续表

依托机场名称	主要园区名称	园区性质和功能定位	建设规模
香港国际机场	香港迪士尼主题公园	主题乐园、酒店、购物、饮食及娱乐设施	规划面积为 1.26 平方公里
	东涌新市镇	居住区及配套的商业和休憩用地、政府、办公、社区用地	规划人口规模超过 20 万，最终占地面积约为 7.6 平方公里
	航天城	航天广场、展览中心	规划面积为 1 平方公里
	商贸港	商业中心、大型展览和工商展销会举办地	规划面积为 0.85 平方公里
成都双流国际机场	西南航空港经济开发区	电子、餐饮、金融、房地产、科研、教育、商贸、医药、机械、精细化工、高新农业等	规划面积为 13 平方公里，起步区面积为 4 平方公里
深圳宝安国际机场	航空物流园区	空运中心、海运中心、保税贸易仓储区及临港工业贸易园区	规划面积为 1.16 平方公里
厦门高崎国际机场	厦门国际航空城和厦门航空工业区	飞机维修基地、航空工业	工业区面积为 1.64 平方公里，生活区面积为 1.47 平方公里
福州长乐国际机场	长乐国际机场航空城	综合配套区、旅游度假服务区、航空工业区	规划面积为 37 平方公里
珠海机场	珠海航空城	商贸、金融、信息、航空博览和展销、航空维修工程、高新科技产业、仓储保税、旅游观光	规划面积为 30 平方公里，起步区面积为 4 平方公里，其中工业园面积为 2 平方公里
济南国际机场	空港新城、生态新城	区域性加工工业基地、城郊温泉休闲度假基地、区域性物流中心	规划控制范围 214.5 平方公里
苏南无锡机场	空港产业园	商贸创新区、机场区、临空产业区和绿化休闲区	8 平方公里的核心区，20 平方公里为机场服务配套区，圈外 50 平方公里

3）空港地区空间发展模式

根据空港周边区域空间建设发展和规划情况总结，其空间发展模式可以归纳为五种，即:圆形模式、偏侧模式、线形模式、星形模型、独立模式（图 2–13）。

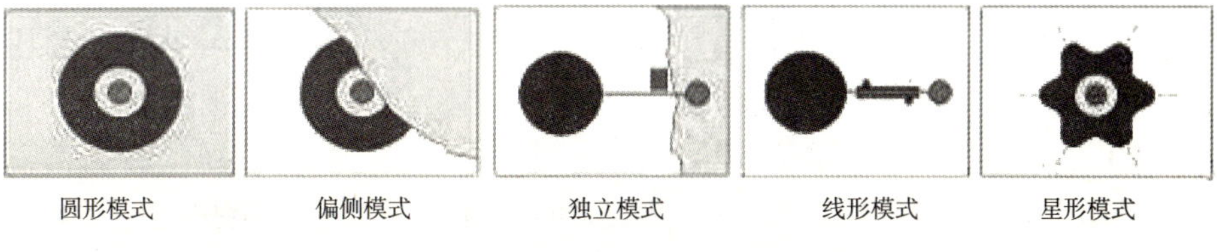

图 2–13　空港周边区域空间发展模式示意图

2.4 国外空港地区建设发展历程特征

2.4.1 国外空港经济发展的历程

国外空港经济发展大致经历了两个阶段：

第一个阶段是由航空运输区向空港产业区发展。早在1959年爱尔兰就成立了香农国际航空港自由贸易区，利用国外资金和原料发展加工贸易，这标志着全球第一个空港产业区的正式诞生。随后，世界各国的许多机场，如美国的洛杉矶和菲尼克斯机场、日本的大阪和长崎机场、马来西亚的苏邦国际机场等，都在临港地区建立了空港产业区。自此，空港开始突破原来单纯的航空运输功能，对产业的吸引和集聚功能逐步显现，对区域经济的影响作用和对周边地区的辐射带动能力逐渐增强。

第二个阶段是由空港产业区向航空城发展。从20世纪80年代起，世界上一些国家和地区开始意识到发展空港产业的重要性，并制定了空港地区的建设开发计划，大手笔的进行空港整体规划建设，打造与本地区产业高度联结的空港城，带动了当地经济发展和产业升级。如荷兰的史基浦空港、美国的菲尼克斯空港、马来西亚的苏邦空港和德国的汉堡空港都因地制宜的兴建了不同规模的航空城，并取得了很大的成功。20世纪90年代起，世界上许多国家和地区都明确提出了发展空港经济的思路，将之提高到本国或本地区的重要战略进行谋划、部署和推动。这一阶段的特点是，空港建设规模迅速扩展，以空港为纽带的交通网络更加完善，对区域经济发展的影响和对产业的吸引集聚功能也进一步提高。如荷兰阿姆斯特丹的史基浦空港城，除了有较大规模的工业园，还有会议中心、展览中心、批发市场以及物流中心。美国的达拉斯依托伏特沃空港城，拥有全球最大的批发采购展销市场，每年交易额高达75亿美元，微软、惠普、三星、NEC等一大批跨国高科技企业落户空港城，使达拉斯变成了“德州硅谷”。

2.4.2 国外空港经济发展的特点

从世界各国发展空港经济的经验来看，尽管他们在空港的功能定位、产业发展以及经济发展模式上都有所不同，但总的来看，也存在一些共同的特点和发展趋势，主要有以下几点：

1）政府的主导作用明显

各国都高度重视空港经济的发展，政府的主导作用和政策扶持贯穿空港经济发展的全过程。从空港的规划建设、产业园区的规划建设、自由贸易区的推进和发展等方面，都可以看到政府在其中发挥的作用。如韩国政府把仁川空港作为提升国家形象的国家级项目来进行投资和建设，先后投入建设资金近 50 亿美元，并在政策优惠、对外宣传和招商引资等方面给予大力支持，为了大幅度提高空港的辐射带动功能，还支持建立了 99 万平方米的自由贸易区，并计划在二期建设中将自由贸易区的范围扩展到 200 万平方米，同时，制定了自由贸易区专项优惠政策，对进驻的外国投资企业给予减免国际税、地方税、土地使用费等优惠。由于国家政府部门的重视和支持，仁川机场的管理当局制定了五角空港（航空港、海港、信息港、商业港、休闲港）的发展策略，希望通过建设完善的基础设施，提供一流的服务将之建设成为东北亚的国际枢纽港。

2）空港经济的发展规划应与当地社会经济发展规划相协调

各国都重视把空港的建设规划和空港经济的发展规划统一到本国或本地区的社会经济发展总体规划中，作为总体规划的一个有机组成部分，充分发挥空港经济对当地社会经济发展的带动和促进作用。如韩国在规划中把空港经济区规划成能带动一定区域的广义集群，整个广义集群通过空港共同参与区域经济竞争。靠近空港的地区功能定位为主要产业发展区，其他区域（含市区主城区）则为空港提供交通、供水、供电、通信等基础设施服务，还包括提供居住、文化、教育等人文环境，发展与空港工业相互协作和配合的产业。荷兰是欧洲的重要贸易中心，在空港经济发展规划的制定上，其着重考虑货运、物流等产业的发展需要，提出把空港建设成欧洲最有效率的交通枢纽。正在面临产业转型期的新加坡，也非常注重把空港建设与产业发展计划有机结合起来，利用推进贸易自由化和区域经济一体化的机遇发展空港经济，在紧靠空港附近的区域选址建设保税物流加工中心，集中多家跨国公司配套工厂进行保税生产、加工和组装，大大降低了物流成本。

3）大多设立自由贸易区

随着世界自由贸易的进一步扩大，各国纷纷在临近空港地区设立了自由贸易区，如韩国的仁川空港、新加坡的樟宜空港、美国的迈阿密空港、法国的戴高乐空港、荷兰的史基浦空港等。这种自由贸易区体现了政策特殊化、功能综合化、经济联系密切化、管理体制规范化和产业结构高端化等特征。新加坡的樟宜空港自由贸易区，专门从事空运货物的加工装配，转口货物可在不出关的条件下得到增值服务，减少了货物的税收成本、时间成本和运输成本。美国迈阿密空港自由贸易区，主要提供各种保税增值服务，包括货物组装和拆卸、货物简单加工、货物重新包装、货物分类整理和海关监管等，区内有 150 家大型企业，与 102 个国家进行国际贸易。自由贸易区的建立和发展，促进了当地经济繁荣，同时也给空港的未来发展提供了前所未有的空间。

4）普遍形成连接空港的海陆空一体化交通网络

各国都下大力气建设与空港紧密连接的、四通八达的交通运输网络，力求最大程度地发挥和提高空港的带动辐射力。如德国的法兰克福空港就是典型的综合交通枢纽，地区铁路网、国家铁路网都在此经过，连接空港的高速公路密如蛛网，通过发达的航空、铁路和高速公路网络，可以快速地把人、货流从这里送运到德国乃至欧洲各个角落。美国的迈阿密空港，通过发达的铁路和公路与相距 9 公里外的迈阿密海港联接起来，为发展多式联运提供了良好条件。荷兰的史基浦空港也有非常便捷快速的地面交通条件，通过多条向外辐射的机场高速公路，把空港周边地区变成工业园区。在整个欧盟由高速铁路（Euro Train）系统联接整合了的机场（红点）和即将连接的机场（蓝点）都在逐步增加（图 2–14）。

5）空港的附加功能和空间发展与空港本身的规模不成正比

空港经济区最主要的是研究空港附加的功能和空间，然而，这些功能和空间并不见得与空港本身的规模成比例。图 2–15 显示了欧洲九个机场和空港

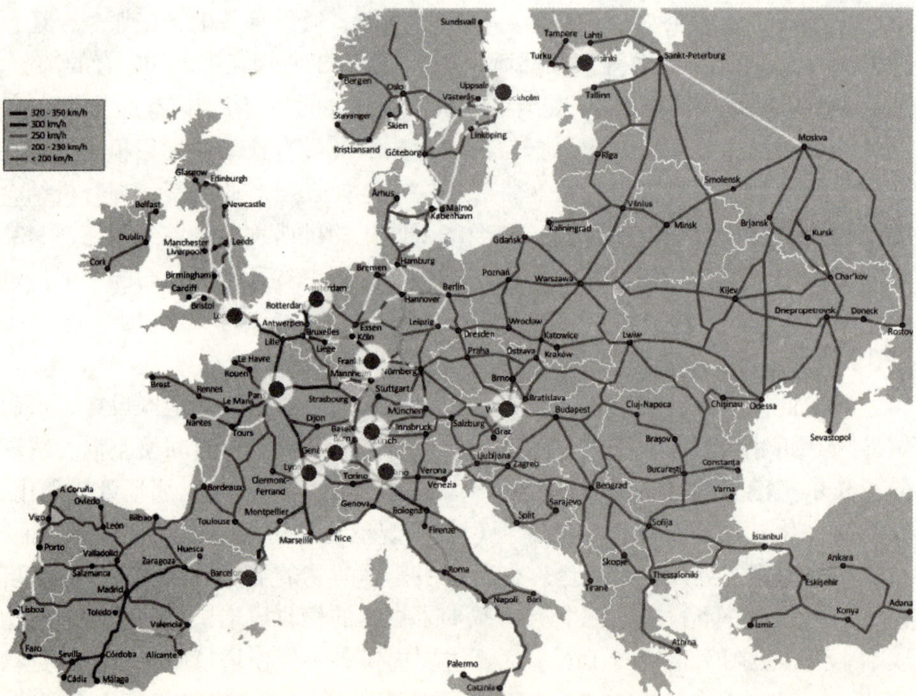

图 2–14　欧洲高速铁路网上的主要机场

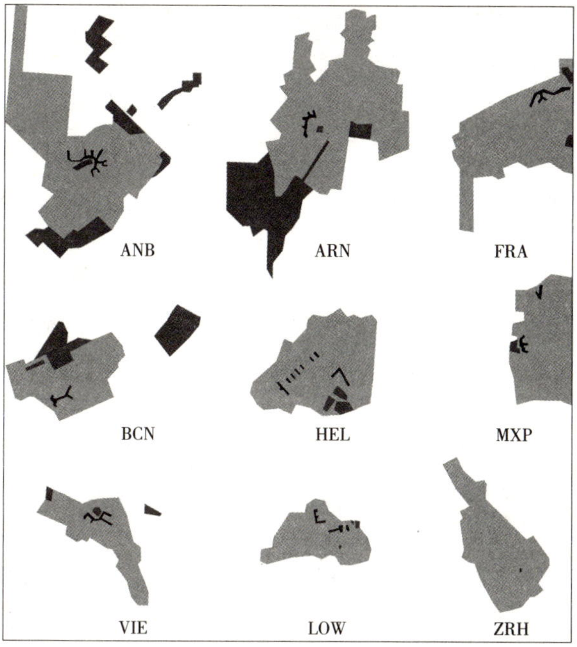

图 2-15 空港与空港城的空间关系：欧洲九个机场比较

城的空间形态和规模关系。他们依次是：阿姆斯特丹的史基浦（AMS）国际机场、斯德哥尔摩的阿兰大（ARN）国际机场、法兰克福国际机场（FRA）、巴塞罗那国际机场（BCN）、赫尔辛基国际机场（HLE）、米兰国际机场（MXP）、维也纳国际机场（VIE）、伦敦哥维治（GLW）机场和苏黎世国际机场（ZRH）这九个机场。图中橙色（深色）部分表示空港城的位置和大小。如果我们考虑到各个机场的吞吐量（例如 GLW 的吞吐量大于 ARN，而 FRA 更是 ARN 的 5 倍），不难发现各个机场附近形成的具有与机场息息相关的空港城部分，并没有固定的比例、形态、甚至基本的规模（图 2-15）。[1]

造成这些不规则形态的主要原因是历史的沿革。斯德哥尔摩 ARN 机场之所以有一个庞大的空港城，是因为他是后建的郊区大型机场，建成之时机场管理当局和政府就考虑一起推动、开发一个全新的区域。而阿姆斯特丹的史基浦机场则是距离市区不算远的老机场，虽然发展空间还有，但仍在政府的控制之中，土地利用相当凌乱。赫尔辛基机场则是在已经发展的机场旁边硬是挤出了一个三角地，按照政府所希望发展的那样规划。而伦敦的 LGW 则已经几乎没有空间可以做什么动作了。

1 Guller, Mathisguller, Michael. From Airport to Airportcity［M］. Barcelona：Gustavo Gili Press, 2003.

2.5 国内空港地区发展历程特征

2.5.1 国内机场建设与发展[1]

1）初具规模的机场体系建设

经过几十年的建设和发展，截至2006年年底，我国内地共有民航运输机场147个，其中军民合用机场45个，全国机场平均密度为每10万平方公里1.53个。若以地面交通100公里或1.5小时车程为机场服务半径指标，既有机场可为52%的县级行政单元提供航空服务，服务区域的人口数量占全国人口的61%。机场体系初具规模，初步形成了以北京、上海、广州等枢纽机场为中心，以成都、昆明、重庆、西安、乌鲁木齐、深圳、杭州、武汉、沈阳、大连等省会或重点城市机场为骨干以及众多其他城市干、支线机场相配合的基本格局。

2）航空运输量快速增长

目前，航空业运输量在我国整个交通运输的总量中仅占0.55%，民航旅客运输量只是铁路旅客运输量的1/10；而在美国，民航运输总周转量占综合交通运输总周转量的比重是9.5%。但从另一个角度看，我国机场的吞吐能力较小，恰恰也说明我国航空业发展潜力巨大。从增长速度看，我国是目前世界上增长潜力最大的航空市场。

过去二十年中，我国航空旅客吞吐量年均增长率为22%。2005年中国民航客运量跃居世界第二位，仅次于美国，客运量超过1.3亿人次。北京首都机场2005年客运总量已经达到4100万人次，排名全球第15位，比2004年上升了5位。2006年中国旅客吞吐量达3.32亿人次，其中，年旅客吞吐量达到1000万人次以上的机场共有7个，占全国机场总旅客吞吐量的52%。民航客运量、客运周转量在全社会客运总量和客运总周转量的比重从1985年的0.12%、2.64%提高到2006年的0.8%和12.3%，航空运输在综合交通运输体系中的地位和重要性日益突出。

据波音公司预测，未来20年间，世界航空货运将呈现强劲增势，全球以6.2%的年平均增长率增长，中国航空货运将以10.6%的速度增长，都超过了同期国内生产总值的增长速度。中国民航总局也预测，今后20年，我国民航运输总周转量的平均增速将达10%以上，民航运输市场发展空间巨大。

3）存在问题与未来规划

目前我国机场数量较少，大部分中型以上机场容量已饱和或接近饱和；

1 中国民航总局．全国民用机场布局规划．2007.

重要的是城镇发展区域内各机场间缺乏合理定位，且相互之间缺乏明确分工，对干线、支线航空运输协调发展的合理引导作用薄弱；部分机场的建设和发展与其所在城市规划、军航规划以及其他运输方式规划都缺乏有效衔接，尤其是在军民航空域使用上，矛盾日益尖锐等问题，还在较大程度上制约着民航机场的发展。

民航机场规划通过加强资源整合，完善功能定位，扩大服务范围，优化体系结构，规划到2020年年初步形成规模适当、布局合理、层次分明、功能完善的现代化民用机场体系。规划实施后，全国省会城市（自治区首府、直辖市）、主要开放城市、重要旅游地区、交通不便地区以及重要军事要地均有机场连接，逐步形成北方、华东、中南、西南、西北五大机场群。

规划到2010年机场总数预计达到190个左右，其中军民合用机场达到55个，全国75%的县级行政单元能够在地面交通100公里或1.5小时的车程内享受到航空服务，服务的总人口达到全国总人口的78%；到2020年，规划民用机场总数达244个，其中新增机场97个，全国80%以上的县级行政单元能够在地面交通100公里或1.5小时车程内享受到航空服务，所服务区域的人口数量占全国总人口的82%。

2.5.2 国内空港经济区整体特征

当前，空港经济区成为我国城市发展的热点地区，具体表现出以下几个特点：

1）地方政府普遍重视

我国各地政府都高度重视临空经济的发展，全国的机场周边几乎都在积极进行临空经济的规划。北京市在“十一五”规划中明确提出把首都临空经济功能区列入首都六大高端功能区之一；天津将临空产业区列为滨海新区的七大功能区之一重点发展；早在1980年代上海虹桥机场所在的长宁区就提出了“依托虹桥、发展长宁”的思路，现在已然发展成为国内较为成熟的空港经济区；重庆市也提出“重庆航空城构想”，规划将航空城打造成为重庆市对外开放的重要交通平台，是重庆市现代服务业和现代制造业以及北部新区功能互补的重要基地；广州、成都、深圳、西安、青岛等城市，也纷纷进行空港经济区的发展规划，在全国乃至全球范围内吸引资源，发展高端产业。

2）空港经济正在成为区域经济发展的引擎

表2-3是国内八大机场所在地区的GDP增长率与其所在城市GDP增长率五年的平均值比较表。由表中数据看出，机场所在地区GDP增长率均高于城市GDP增长率，八个地区的GDP增长率的平均值平均高出城市的8%。由

于机场所在区域一般都在城市的边缘地区，机场成为区域中极其重要的一个增长性因素。从数据可以看出，临空经济对区域经济的拉动作用已十分明显。

国内八大机场所在地区的 GDP 增长率与其城市 GDP 增长率五年平均值比较表　　表 2–3

机场	机场所在地区	地区 GDP 增长率高出城市 GDP 增长率五年平均值
首都机场	北京顺义区	10.88%
广州新白云机场	广州花都区	0.88%
青岛流亭机场	青岛城阳区	8.08%
杭州萧山机场	杭州萧山区	6.11%
重庆江北机场	重庆渝北区	3.73%
上海虹桥机场	上海长宁区	3.16%
深圳宝安机场	深圳宝安区	24.18%
厦门高崎机场	厦门湖里区	5.28%
各地区平均	8.00%	

3）五大产业正在向机场周边聚集

随着时间价值逐渐成为影响企业的成本与收益的重要因素，企业的区位决策目标指向机场这个现代快速交通运输的大门，企业的区位偏好也就发生了改变。由此决定了中国空港经济向机场周边聚集发展而呈现出五大产业的态势，即航空产业、航空物流业、高新产品制造业、国际商务会展业和康体休闲娱乐业。

4）各地空港经济发展阶段不同

我国各个地方空港经济发展的阶段不同，如北京的空港经济区已经进入到了发展的阶段，而大多数城市的空港经济还处在起步阶段。由于发展阶段的不同，区内聚集的产业就不同。例如，首都空港经济区已经集聚了索爱、村田电子有限公司等临空指向性很强的企业，而在目前青岛空港经济区内，是空港产业与传统产业并存，既有像山水水泥一类的传统产业，也有一些生物制药类企业；而呼和浩特市规划的空港城是以传统产业为主导。

5）空港经济区内现有的产业结构与产业布局不尽合理

空港经济核心区产业关联不强，多数企业尤其是一些大型跨国企业在空港经济核心区以及空港经济辐射区内没有生产其原材料和零部件的配套企业，对空港经济核心区内其他企业缺乏应有的带动作用。从整体上看，合理的产业群落和产业链尚未形成，产业链的构建水平还有待进一步提高。例如，首都空港经济区内，西铁城（中国）钟表有限公司在顺义区基本没有配套企业，北京 JVC 电子产业有限公司产业链中的配套企业主要位于天津、浙江等地；索爱的上游供应商的 2/3 集中在长三角和珠三角地区，余下的 1/3 则分布在环渤海地区，仅有 4 家在顺义注册的企业为索爱提供说明书、电路板和塑料板等低价值的配套产品。

临空经济区内的产业布局也不尽合理。由于机场是影响临空产业发展的重要因素，机场对周边地区的辐射能力随着距离的增加而减弱，机场周边的临空产业，其产业布局也将体现独特的圈层结构模式。但是在我国的空港经济发展过程中，大部分的空港经济区的产业布局没有完全按照圈层结构模式进行，尚未取得资源在空间上的优化配置。

6）空港经济区内缺乏合理的交通规划

空港经济是依赖于机场特有的快速通达性而形成的，完善的地面交通网络是临空经济区发展的基本依托。空港经济区与腹地的连通，主要是通过公路与铁路的交通。只有具备良好的地面交通网络，才能保证货物及旅客的顺畅流通，尤其对于高新技术产业来讲，能否在最短的时间内、以最小的成本运往机场，进而运往世界各地是竞争中成功的关键因素，这就需要机场周围有辐射性的交通网络。但是在目前我国的空港经济发展中，地面交通还不完善。

7）现代服务机构缺乏，制约空港经济的发展

我国空港经济区现代服务业发展相对滞后，不能满足区内企业尤其是一些跨国企业发展的需要。例如，首都空港经济区内没有良好的商务环境，使得多数企业的商务谈判在北京市内进行，给企业带来诸多的不便利；在顺义区内，能提供金融、保险、信息、会计、咨询、法律等知识型服务的中介机构较少，不利于企业今后发展的需要。

2.6 我国空港经济区管理体制的初步探索

2.6.1 国内空港经济区管理模式概况

在我国，空港（临空）经济区过去一直处于被忽略的境地，很多号称“国际航空港”的机场，由于对其周边区域临空产业的发展缺乏规划与布局，变成了所依托区域中的“经济孤岛”。目前空港经济区的研究还是一个富有挑战性的课题，各地政府正在作出积极的探索。近几年来，北京、广州、重庆、天津、上海、深圳、昆明等城市，学习境外空港地区发展的先进经验，纷纷谋划建设空港经济区、航空城。

中国空港经济还处于起步阶段，对更多的城市而言，还仅仅停留在规划阶段。北京顺义区已经进入到发展的阶段，比较成熟。目前中国空港经济建设主要有两种模式：一种是采用综合经济区的模式，主要是以北京顺义临空经济区和天津临空产业区作为代表，在现有各产业园区的基础上，形成空港经济区；另外一种就是航空城的模式，以重庆航空城作为代表。重庆渝北区政府规划汇集空港物流、国际商务、宾馆会展等 8 大特色产业的“重庆航空城”。还有另外一种发展空港经济形式，城市设立空港管理委员会指导空港工作，下设办公室负责实施落实，如深圳市。

2.6.2 国内空港经济区管理体制探索案例

1）北京顺义空港经济区

管理模式：实行一区多园的管理模式，开发总公司（空港股份和空港物业）。

北京临空经济功能区主要在顺义区，区政府对空港经济区实行一区多园的管理模式,各园区设置自己的管理机构,统一由顺义区政府管理。开发一片，设立相应的管理部门。如北京临空国际技术开发中心管理委员会于 2005 年 6 月成立，主要负责北京临空国际产业基地 10 平方公里范围内的开发建设管理工作。北京临空经济功能区已初步形成了以首都机场为核心，以天竺出口加工区、空港工业区（天竺空港经济开发区）、林河工业区、国门商务区、空港物流基地、北京汽车生产基地等六大功能组团和以天竺、后沙峪、仁和等六个重点镇为依托，以航空产业、高新技术产业、现代物流业、会展业为代表的临空产业集群，集聚了松下、索爱、LG、JVC、TNT、空中客车、积水创格、日本邮船、日本住友等 30 家世界五百强企业和 550 余家中外企业。落户临空经济带的中国国际展览中心新馆，将成为北京展览展会行业最重要、最集中的举办地点，也将成为区域及会展行业的新地标，发挥强大的引擎优势。

北京天竺空港经济开发区是首都临空经济高端产业功能区的重要组成部分，于 1994 年 1 月经北京市政府批准成立，位于首都机场西侧 1 公里处，总体规划面积 6.6 平方公里。成立 17 年来，空港开发区始终坚持科学发展、坚持依托首都国际机场，历经“起步、壮大、提高、跨越”四个发展阶段，实现了经济社会全面发展、高端发展、带动发展。现已出让的土地平均每公顷投入 1.5 亿元，实现产出 2.8 亿元，实现出口供货额 8194 万元，实现税金 2480 万元，单位土地产出在全国同类开发区中名列前茅。

空港开发区培育壮大了空港股份（即上市公司北京空港科技园区股份有限公司，控股股东北京空港工业开发公司）和空港物业两大企业集团，建立

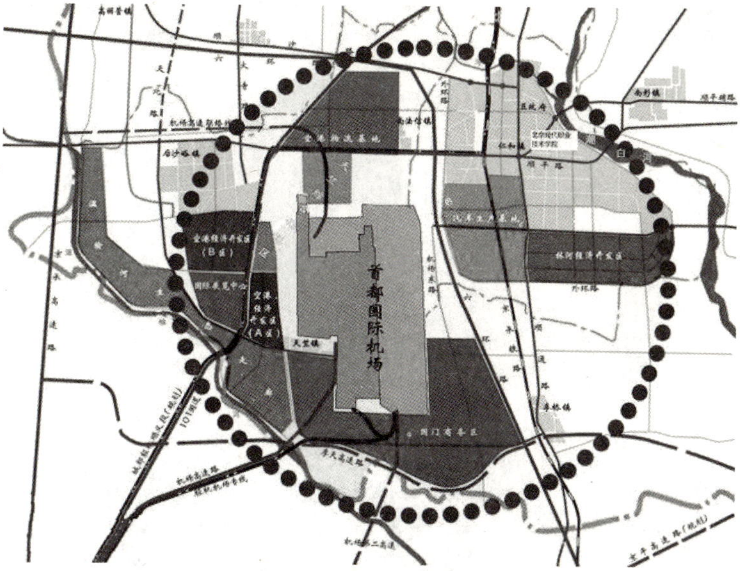

图 2–16　北京临空经济高端产业功能区布局示意图

了从土地开发到物业管理的一条龙、全产业链式的集团化经营体系，实现了国有资产的保值增值，目前自有企业总资产达 30 亿元，年利润超过 1 亿元。空港开发区充分发挥品牌辐射带动作用，分别与赵全营镇合作开发空港 C 区、与木林镇合作共建“木林高端制造业基地”，为地区经济社会建设做出积极贡献。

北京天竺空港经济开发区（天竺空港工业开发公司）从事的主要业务为：土地开发、工业地产开发、建筑工程施工、标准厂房经营和园区综合服务（包括物业管理、仓储、物流等）。公司土地开发业务涉及空港经济开发区和天竺出口加工区，是在顺义区政府和天竺出口加工区管理委员会的授权下，对上述园区内已征用为国有用地的土地进行大市政基础设施建设，使其由生地变成符合“七通一平”市政条件的熟地。公司为空港经济开发区和天竺出口加工区内从事拆迁和市政设施建设的唯一企业。北京天竺空港物业管理集团坐落于北京天竺空港工业区 B 区，隶属于北京天竺空港开发总公司。重新整合组建于 2008 年 3 月，是一家集水、暖、电、气、热、广告宣传、绿化、餐饮、物业管理于一身的具有独立法人资格的国有企业。

2）广州花都空港经济区

管理模式：花都区空港经济管理委员会和空港经济发展有限公司。

广州市花都区区委、区政府为了加快空港经济的发展，于 2004 成立了空港经济管理委员会和空港经济发展有限公司，按照“依托机场、服务机场、

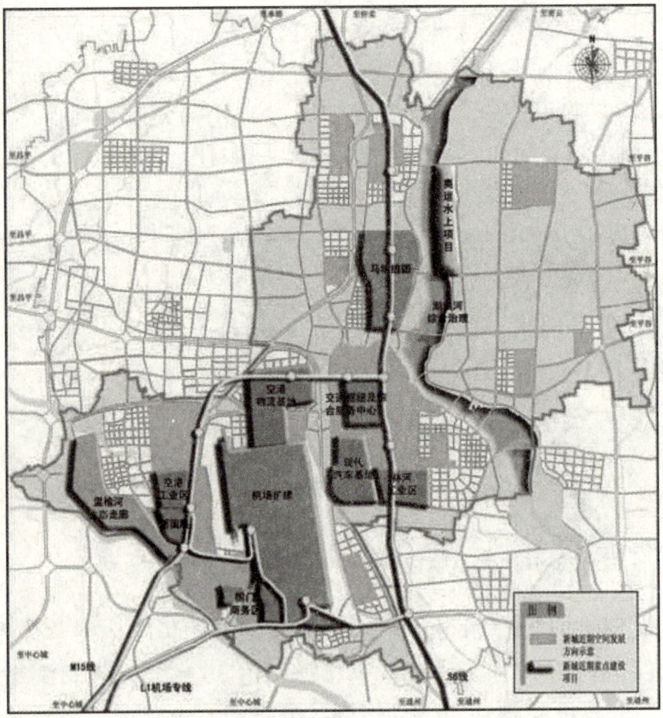

图 2–17　北京天竺空港经济开发区项目布局示意图

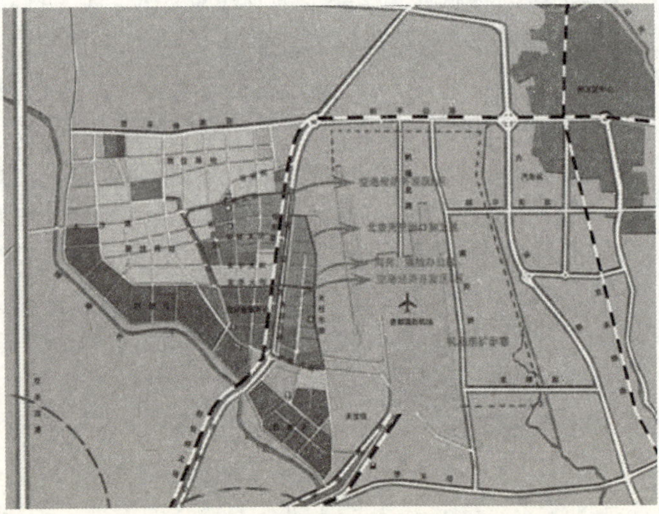

图 2–18　北京天竺空港经济开发区布局示意图

发展花都”的发展思路，配合做好新机场的配套建设、机场周边地区的规划以及招商引资工作。空港经济带动区的规划打破了镇域界限，将新华、花山、花东、花侨、北兴镇的部分土地整合和统一规划，完成了机场北部地区 88 平方公里的总体规划，正在进行机场高新技术和物流产业基地首期 32 平方公里用地和机场商务区 7 平方公里的控制性详细规划以及 1000 亩产业基地综合配套设施区的控制性详细规划。

3）昆明空港经济区

管理模式：昆明空港经济区管理委员会独立行使行政管辖权。

为配合昆明新机场的建设，中共昆明市委、昆明市人民政府于 2005 年 2 月成立了“昆明空港经济区管理委员会”，负责昆明新机场外围基础设施的建设及空港经济区的规划、建设与管理，并独立行使行政管辖权。管委会作为昆明市人民政府的派出机构，代表市政府统一领导和管理昆明空港经济区的规划、开发建设和经济社会事务。市政府授予管委会行使相关的市级管理权限。

管委会成立以来，认真贯彻省委、省政府、省民航工作领导小组和市委、市政府的重要部署及要求，坚决服务于昆明新机场建设大局，积极开展各项工作，取得了积极成效。

机构设置：管委会设置了行政（党工委）办公室、经济发展局（投资促进局）、财政分局、规划局、建设局、政策法制局、人事劳动和社会保障局 7 个部门（社会事业局、安全生产监督局及工委工作部）和审计监察局；另外地税分局、国土资源分局、工商分局派驻空港经济区。

昆明空港经济区管委会承担的主要任务是：① 确保完成征地、拆迁、搬迁安置和配套基础设施建设任务；② 构建适应空港经济区开发建设需要的投融资平台，营造良好的投资环境，广泛吸引国内外社会资本参与空港经济区开发建设；③ 着力打造保障和促进空港经济区发展的产业支撑体系，以昆明新机场为依托，形成联结现代新昆明主城区的高新技术研发和产业化区域。

4）重庆航空城

管理模式：渝北区政府和重庆机场集团共同出资。

重庆航空城是目前我国继北京和天津之后的第三个航空城，规划面积 175 平方公里，投资 300 亿元，2020 年之前完成基础设施建设及产业布局。包括核心区和关联区，其中核心区面积为 60 平方公里。项目资金由渝北区政府和重庆机场集团共同出资 300 亿元。航空城的经济效益目标是 15 年后实现产值 200 亿元。

渝北区政府将用三个五年时间，打造一个面积 175 平方公里，汇集空港

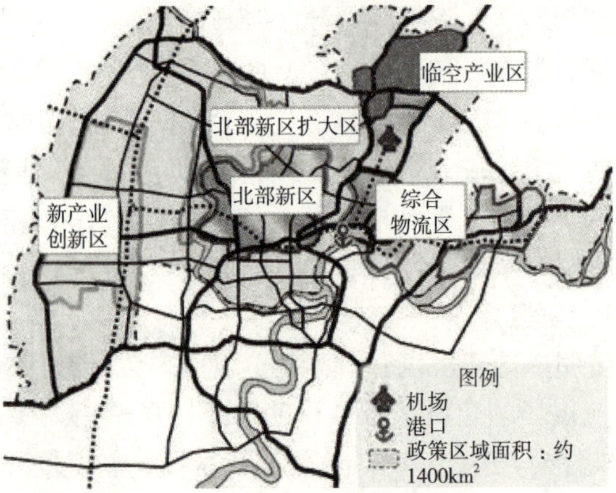

图 2–19　重庆航空城功能分区图

物流、国际商务、宾馆会展等 8 大特色产业的“重庆航空城”，目标是使之成为重庆市新的经济增长极和渝北区的“经济增长发动机”。

在未来的规划中，按照重庆市提出的“一年起步，五年取得重大突破，十年大见成效，提前 20 年实现西部大开发战略目标，把重庆建成长江上游经济中心，并创造条件向国际大都市迈进”的战略构思和宏伟目标，结合西南地区民航发展现状以及重庆江北国际机场的实际，提出机场发展的总目标以及阶段实施的战略设想。其发展总目标是：按照先地区、再全国、继而发展门户枢纽“三步走”的战略设想，经过 30 年的不懈努力，最终将重庆江北国际机场建为我国重要的大型门户枢纽之一。“三步走”的战略设想是：第一步：2003~2005 年，三年起步，确立西南地区枢纽机场的地位；第二步：2005~2010 年，取得重大突破，确立西南地区大型枢纽机场的地位；第三步：2010~2020 年，大见成效，建成全国大型国内枢纽之一。重庆“国际临空产业城”，通过江北机场枢纽化、综合物流枢纽建设、国际技术产业城市形成这三大战略来实现，其中江北机场枢纽化战略是重点。

5）深圳空港经济区

管理模式：深圳市空港管理委员会（办公室）和深圳机场集团分工协作。

深圳市成立了深圳空港管理委员会办公室。空港办的职责是从总体上就机场建设、发展、管理中的重大问题进行决策、协调、指导和监督。空港委主任由市长担任；空港委下设办公室，交通局加挂空港办牌子，下设空港处，具体落实和承办市空港委的有关工作。

空港委员会负责研究和决策深圳机场的发展战略、总体规划、投资建设、土地使用、对外协调、特许经营项目审核等重大问题；空港办作为空港委的日常办事机构，具体落实空港委的决议，研究和提出有关产业政策，为空港委的决策提供建议，并做好深圳航空运输产业的日常协调工作。机场管理机构（即深圳机场（集团）公司）不再承担政府的行政管理职能，主要负责机场的安全保障、生产运营、环境保护和公共事务管理等工作，为航空运输企业、各驻场单位和社会公众提供安全、公平、公正和优质的服务。

2.6.3 空港经济区管理体制借鉴与启示

1）北京模式："一区多园＋开发公司"

北京空港经济区是"一区多园＋开发公司"的管理模式。北京是国内最有条件也是最早发展空港经济的城市，发展至今有18年的历史，由于处于最早摸索阶段，顺义实行的是根据临空经济发展阶段，顺势推动园区（功能区）发展的管理模式，即为"一区多园"的管理模式，开发一片，各园区设置自己的管理机构，但是最终统一由顺义区政府领导管理。最值得参考借鉴的是空港开发区的实施运营方面，在成立开发总公司的基础上，培育壮大了控股空港股份（上市公司）和空港物业两大企业集团，建立了从土地开发到物业管理的一条龙、全产业链式的集团化经营体系，并且充分发挥品牌辐射带动作用，向外与城镇合作开发。广州花都空港经济区发展模式与北京相似，是由花都区成立空港经济管理委员会和空港经济发展有限公司的管理运作模式。

2）昆明模式："管理委员会＋行政辖区"

昆明空港经济区是"管理委员会＋行政辖区"的管理模式，特点是机场建设初期就成立空港经济区管理机构和划定范围，配合昆明新机场的建设，负责昆明新机场外围基础设施的建设及空港经济区的规划、建设与管理，并独立行使行政管辖权。其政府对发展空港经济的决心和采取果断措施（成立管委会和划定辖区范围）的做法非常值得其他新建机场城市借鉴。

3）重庆模式："政府＋机场集团"

重庆航空城是"政府＋机场集团"管理运作模式，渝北区政府和重庆机场集团出资共建模式，项目资金由渝北区政府和重庆机场集团共同出资300亿元，2020年之前完成基础设施建设及产业布局。好处就是有利于机场做大做强及带动周边发展，缺点是受机场本身发展和机场集团的限制因素较多，不利于全面发展空港经济。深圳机场地区发展模式和重庆航空城管理模式相似。

4）借鉴小结

对于空港经济区管理体制、管理机构设置的问题，我国处于摸索阶段，毕竟国外的经验很多都不是在社会主义体制的大背景下产生的，照搬必然不能适合中国的国情。一种表现形式对应一种体制，目前国内各个空港经济区、空港城，基本都是借鉴国内开发区的管理模式，既有成功经验，也有摸索教训，总体尚处于初级阶段。如北京空港，漫漫 18 年发展长路探索出来的经验难能可贵，北京空港今天的成就可能就是揭阳若干年后的现状，空港管理体制没有太多经验总结，因此，在空港经济区管理模式探索研究基础上，还需要对开发区的管理模式和实施运营机制进行深入研究分析，有利于借鉴和制定适合揭阳空港经济区的实施管理机构和实施机制，保障空港规划蓝图和建设目标的实现（关于开发区的管理机制和案例研究详见第三、第四章）。

3 开发区的管理实施运作机制研究

3.1 开发区系统构成及特点

开发区本身是一个与外界发生物质、能量和信息交换的开放系统，它由大量的主体（企业、政府、大学、科研机构等组织）构成。开发区发展的历史表明，开发区系统从环境吸取的人才、资金、信息、技术等一方面维持了区内企业的生存与发展；另一方面，这种转换还导致开发区组织、运行、支撑三重关系结构的建立，形成了由组织、运行、支撑三大子系统构成的一个大系统（如图 3-1）。其中，组织子系统是指开发区内具有决策、执行、咨询、监控等职能的管理机构和从事研发、生产、营销活动的业务机构，以及它们之间的相互关系。运营子系统是指开发区内的行为主体以及开发区内各个部门的运转方式和运行机制。支撑子系统是指开发区内基础设施建设以及区内工商、税务、金融、保险、孵化器等社会综合服务体系。在这种结构中，形成了相应的开发区规范和秩序。随着开发区的发展，开发区结构与功能日趋

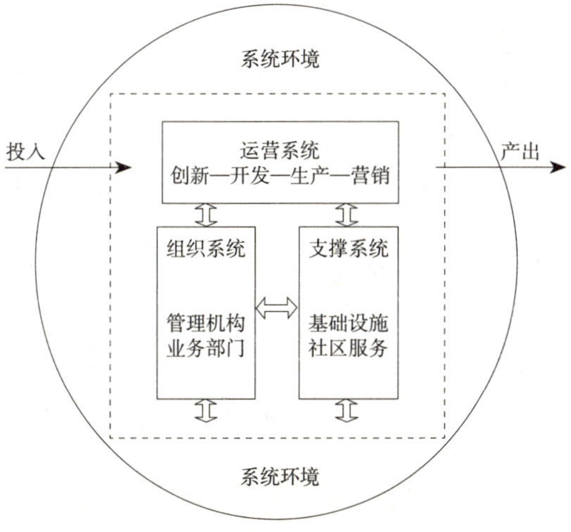

图 3-1　开发区系统的基本构成

多样化和复杂化，开发区规范和秩序也日臻完善。

开发区最基本的活动就是“投入——产出”活动，即投入一定的生产要素通过区内三大子系统各自功能的发挥最终形成一定的产出。开发区与区外系统进行着物质、能量和信息的交换；与此同时，区内各个子系统之间也通过各自的运行方式不断地进行着物质、能量和信息的交换。总之，开发区及其组分不断地与外界交换着资源，从而使其由原来的无序或低序向有序或更高的有序发展。显然，开发区就是一个典型的耗散结构。

因此，在强调提高系统开放的同时，还要对系统与外部环境的交流内容进行分析。按照自组织原理，一方面要使系统开放，大力引进能促使系统进步的“负熵流”；另一方面，又要加强控制，尽量杜绝或减少有害的“正熵流”流入。换言之，在开发区这个复杂大系统中，政府和其他非营利性组织发挥公共治理主角作用为开发区内企业提供各项公共服务时，要注意量的限度和质的保证，例如开发区内企业的用地、用水及用电等公共资源的提供并不是越多越好；质不好、量不足或过量的负熵流并不足以抵消系统内熵的增加;与系统需求不对路的、输入时机不适宜的，超出系统稳定态临界值的熵流，就可能不是负熵流而是正熵流，这些熵流的引入只会有弊而无利。因此，要处理好开发区企业化经营模式与公共治理之间的关系，必须要以企业为微观经济活动的主角，公共部门则做好为企业服务的配角工作，从而使开发区这个复杂大系统吸收尽可能多的负熵流，减少正熵流，从而实现经济效益与社会效益的兼顾，实现经济与社会的可持续发展。

在开发区系统内部，充满了各种个人、企业、非营利组织、政府之间的协同竞争关系。企业之间的协同竞争关系形成了开发区内的企业集群，企业集群、非营利组织和政府之间的协同—竞争关系最终构成了一个完整的开发区大系统。企业集群利用群内的资源、资金、信息等要素进行着优势互补，群体的效益大于联合前各个成员企业的个别效益之和，即实现了 1+1>2 的协同效应，使集群内每个成员都受益。成员企业以运行网络为纽带形成的资源、信息等优势可以增加集群的竞争力，使其在市场竞争中占据优势地位，并在整体效益提高的同时，使个体效益也得到一定的提高。而这一协同效应的实现很大程度上离不开管理机构尤其是政府提供的各项公共资源和公共服务，亦即和政府公共治理效率的发挥密切相关。如果政府公共治理的效率较高，能够为开发区内的企业集群提供所需的适宜的各种公共资源，包括土地、水、电等，使获得公共资源的企业不仅能够实现自己的经济利益，还能在一定程度上体现社会效益，那么这个开发区系统就实现了 1+1>2 的协同效应。否则，即使政府或者企业集群中的某一方实现了利益，也并不意味着开发区系统内资源的最佳配置和效率的最优化。而要想实现开发区系统的协同效应，关键在于处理好开发区企业化经营与公共治理的关系，也就是说应处理好微观经济主体——企业的利润最大化目标与公共治理多元主体之一——政府的社会福利最大化目标之间的关系。

就开发区这个具有自组织特征的系统而言，随着其自身生命周期的演变和内外条件的变化，往往在稳定态和不稳定态之间变动。开发区应抓住机遇，创造有利于系统实现突变的条件，促进开发区的升级。总体上看，开发区内的各子系统可在功能上耦合起来，相互提供支持，形成一个系统。系统能够有效展开其内部各子系统之间以及与环境之间的相互作用，充分利用各种有利的内外因素促使系统进行演化和变异，按照生命周期系统的演变特征进行选择评价，形成开发区各子系统之间既竞争又协同的选择和进化格局，促使开发区的延续和演化。

3.2 对我国开发区现状管理体制的分析评价

我国城市开发经过一段时间的探索，在借鉴国外管理经验的基础上，初步形成了具有中国特色的开发组织管理体系模式。由于我国开发区类型、层次不尽相同，因此在组织管理体系的模式方面也并不完全一致。我们通过城市开发区的开发组织管理体系来论述一般意义上的城市开发组织管理体系。一般而言，我国的城市开发区组织管理模式大致可分为行政主导型、“公司制”以及混合型三大类。

3.2.1 行政主导型管理模式

所谓行政主导型管理模式，就是在开发区的管理过程中，突出强调政府行政部门在开发区管理中的主导作用，由所在地区的城市政府或政府业务部门进行直接管理。行政主导型管理模式根据开发区管委会的职能强弱又可分为“纵向协调型”和“集中管理型”两种类型。

1)“纵向协调型”管理模式

“纵向协调型”管理模式强调由所在城市的政府全面领导开发区的建设与管理。所在城市的人民政府设置开发区管理委员会或开发区办公室。管委会（办公室）成员由原政府行业主管部门的主要负责人组成，开发区各类企业的行业管理和日常管理仍由原行业主管部门执行，开发区管委会只负责在各部门之间进行协调，不直接参与开发区的日常建设管理和经营管理。直接参与管理的有市土地管理、科委、计划经贸、规划建设、环境保护、海关商检以及

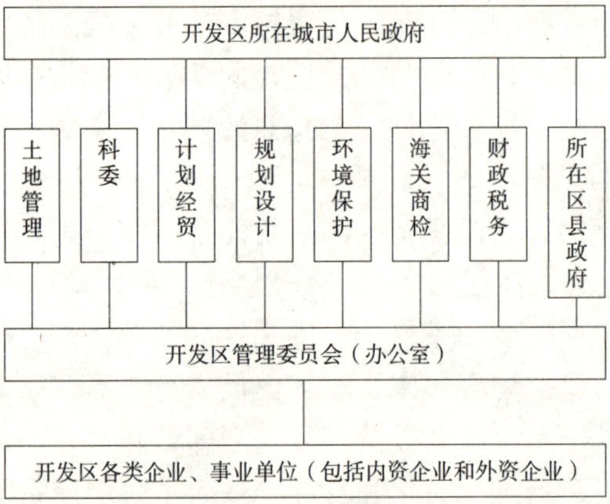

图 3–2 “纵向协调型”组织管理模式的结构

财政税务等部门。而所在的区县政府主要负责开发区的行政管理、公安、消防、文化、教育、环境卫生、计划生育、商业网点管理等工作。纵向协调型模式的结构如图 3–2。

我国哈尔滨高新技术产业开发区的管理模式就属于“纵向协调型”中的一个典型。哈尔滨高新技术产业开发区在刚刚设立之时，市有关部门就在开发区相继设立了工商、财政、国税、地税、规划、土地、房产和劳动保险分局等派出机构，同时金融、保险等部门也在开发区设立分支机构。而该开发区的管理委员会则是由 40 多个部门的主要负责人组成，由市长兼任管委会主任，管委会下设办公室，由管委会代表市政府对开发区实施领导和管理。后来，该区又把高新区管理办公室更名为管理委员会，并在管理委员会下面设置了办公室、政策研究室、人事劳动局、计划财政局、招商局、企业发展局、外资企业管理局和基建规划局等八个职能部门。

采用“纵向协调型”管理模式的优点是，有利于城市政府的宏观调控，开发区能在城市政府以及有关职能部门统一协调下，比较准确完整地执行路线、方针、政策，使开发区的发展格局与城市的整体经济发展保持一致，其开发建设不会脱离城市的整体规划轨道而片面发展。

“纵向协调型”管理模式的弊端主要是，这种管理模式基本上还是采用原来政府组织管理体系中的条块管理模式，开发区管理委员会权限很小，不利于开发区的大胆创新和试验。同时，管理委员会在许多职能部门的多重管理之下，会受制于相互推诿和相互扯皮的现象，造成管理工作效率的低下。

2）“集中管理型”管理模式

“集中管理型”模式是我国大多数开发区所采用的管理模式。这种管理模式一般由市政府在开发区设立专门的派出机构——开发区管理委员会来全面管理开发区的建设和发展。与“纵向协调型”管理模式相比较，这种管理模式中的开发区管理委员会具有较大的经济管理权限和相应的行政职能。管理委员会可自行设置规划、土地、项目审批、财政、税务、劳动人事、工商行政等部门，这些部门可享受城市的各级管理部门的权限，全面实施对开发区的管理。集中管理型管理模式按照封闭程度的不同，又可以分为全封闭型和半封闭型两种。全封闭型主要是在保税区中使用，保税区中的经济运行和管理与所在城市完全隔离，按照国际惯例运行和管理。而半封闭型则主要是在经济技术开发区、高新技术产业开发区、旅游度假区以及边境经济合作区中采用。半封闭型集中管理在保证管委会相对独立的前提下，还必须接受市主管部门的必要指导和制约，与城市发展保持大体一致。集中管理型模式的组织结构如图 3-3 所示。

苏州高新技术产业开发区就是实行“集中管理型”管理模式。苏州高新技术产业开发区由市政府的派出机构——新区管理委员会统一领导。苏州新区管理委员会下面设置了办公室、规划局、招商局、劳动人事局、公安局、国土房产局、经济贸易局、科技发展局、农村管理局、社会事业局、建设管理局、财政税务局以及工商行政管理局等职能部门。在这种管理模式之下，苏州高新技术产业开发区的机构设置大为减少，这就使得机构的职能具有较强的综合性，如办公室兼有文秘、宣传、外事、政策、统计、行政、文档、接待以及信息等职能。在党政关系上，苏州市高新技术产业开发区实行“两块牌子，一套班子”，对重大问题实行“大办公会议制度”，由党委、管委会集体研究解决。党政之间既分工又合作，党委负责干部队伍建设，勤政廉政。管委会全面负责行政管理、经济管理和社会管理。党委书记、管委会主任由

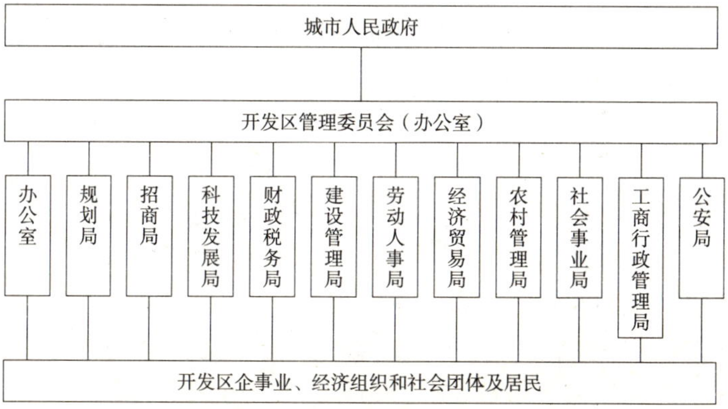

图 3-3　集中管理型模式的组织结构

苏州市副市长兼任，不设人大和政协。在决策机构和执行机构上，坚持在管委会统一领导下，按权责一致原则，合理分工，各司其职。在管委会下的职能机构之间，管委会要求各部门目标一致，按统一的准则工作，实行“重大问题追究制度”，对于涉及若干部门的工作，管委会实行“专题班子工作制”，确定分管领导与部门，其他部门密切配合，减少了部门之间的摩擦，提高了工作效率。

以苏州高新技术产业开发区为代表的“集中管理型”模式来看，其优点还是显而易见的，主要表现在以下几方面：

（1）由于开发区管理委员会拥有较大的经济管理权和部分社会事务管理权，以及拥有经济管理和社会体制方面的新运行体制、运行机制的试验权，因此，“集中管理型”模式的管理委员会能勇于创新，不断探索，成为组织管理体系改革和其他改革的重要渠道。

（2）由于管理委员会摆脱了“纵向协调型”管理模式下市级职能部门的牵制和约束，能够及时果断地处理解决区内发生的重大问题，合理安排开发区的各项活动以及发展目标，提高工作效率，有利于开发区的整体规划和协调发展。

（3）由于管理委员会下面的职能部门受管委会的统一领导，摆脱了上级职能部门和管理委员会的双层领导机制；同时其各职能部门能够相互沟通，协调一致，避免了部门之间的相互扯皮现象，从而提高了工作效率。

“集中管理型”管理模式的不足之处主要表现在以下几方面：

（1）由于开发区相对独立，受城市主管部门的控制力较弱，这样易使开发区的发展脱离城市的整体发展目标和发展规划。

（2）这种管理模式可能会导致开发区与老城区在人才以及资源方面的竞争，使老城区的发展受到影响。因此，开发区采用“集中管理型”管理模式，城市的主管部门必须加强对开发区的宏观调控，尤其是开发区与老城区的发展协调问题，保证城市的总体发展规划。

3.2.2 “公司制”管理模式

“公司制”管理模式又称为企业型管理模式或无管委会管理模式。这种管理模式主要是以企业作为开发区的开发者与管理者。这种组织管理模式目前在县、乡（镇）级的开发区建设中使用较多。一般是由县、乡（镇）政府划出一块区域设立开发区，县、乡（镇）政府不设立派出机构——管理委员会，而是通过建立经济贸易发展开发总公司作为经济法人，来组织区内的经济活动，并由经济贸易发展开发总公司承担部分政府职能，如协调职能等。总公司直接向县、乡（镇）政府负责，实行承包经营，担负土地开发、项目招标、建设管理、企业管理、行业管理和规划管理等六种职能，而开发区的其他管理事务，如劳动人事、财务税收、工商行政、公共安全等，主要还是依靠政府的相关职能部门。“公司制”管理模式的运营方式如图 3-4 所示。

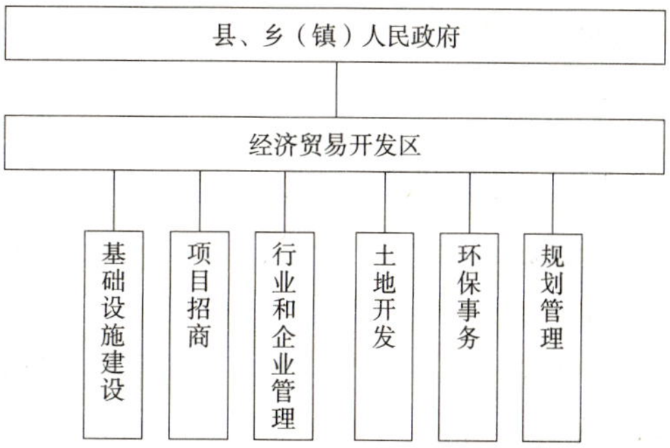

图 3-4 “公司制”管理模式的组织结构

我国深圳科技工业园区就是采用的“公司制”管理模式。科技工业园区的各项具体事务均由总公司负责。总公司设有政策研究室、技术发展部、企业管理部、规划设计部、土地开发部、计划服务部、总经理办公室、人事培训部、管理服务公司以及民间科技企业开发服务中心等管理服务机构。总公司的职能主要包括：

（1）负责园区的统一规划，审批入园的企业，统一收缴园区各企业的税款，向政府部门填交报表；

（2）经营和管理园区内的房地产，进行土地与基础设施建设，然后出售或租赁给入园企业；

（3）引导园区内企业的发展方向。总公司和园内企业都是独立法人，不存在领导关系，主要是经济上的合同关系。

采用“公司制”管理模式的优点表现在以下几方面：

（1）有利于政企分开，使开发区政府从大量的行政事务中解脱出来，提高工作效率，增加管理机构对市场信息的敏锐性；

（2）有利于总公司经济实力的增强，有利于运用经济杠杆进行开发区建设；

（3）有利于开发区整体建设的速度和经济效益的提高。

“公司制”管理模式的弊端主要表现在以下几方面：

（1）总公司作为经济组织，缺乏必要的政府行政权力，如征地、规划、项目审批以及劳动人事等，行政协调能力不强，权威性不及政府部门，影响了管理效率的发挥，只能在较小型的开发区中适用。

（2）“公司制”管理模式，在我国现行行政组织管理体系下，很容易使管理手段和管理方法陷入老框框。另外，由于开发区所在政府一般要分管部分社会事务，但相应的行政部门会认为整个开发区是由开发区发展总公司开发管理的，往往会造成社会事务管理的死角。

（3）由于开发区发展总公司是一个企业，因而必定会采取各种手段面向国内外市场，以达到其盈利的目的。其一切经营活动的目的就是为了追求经济效益的最大化，可能会损害社会效益和环境效益。

3.2.3 混合型管理模式

混合型管理模式是介于行政主导型和公司制管理模式之间的一种管理模式，或者是采用两者结合的方式来管理开发区的一种管理模式。混合型管理模式在我国又有政企合一和政企分开两种具体的模式。

1）政企合一型管理模式

政企合一型管理模式类似地方的行政管理模式，它是在管委会下设一个发展总公司。管委会负责决策、职能管理以及服务性工作，而下设的发展总公司一般是负责开发区内的基础设施建设，这种发展总公司虽然有的是经济实体，但管理行为很大程度上仍然是行政性的。管委会和总公司在人员设置上相互混合，管委会主任和发展总公司总经理通常是互相兼任，即是通常所说的"两块牌子，一套班子"。在这种管理模式之下，政府的管理具有双重性质，不仅行使审批、规划、协调等行政职权，同时还负责资金筹措、开发建设等具体经营事务，而开发区的总公司和专业公司基本上没有自我决策权。政企合一型管理模式组织结构和运行方式如图 3-5 所示。

采用政企合一型管理模式的开发区，在建立初期对开发区建设具有一定的推动作用，它有利于管委会和总公司各司其职，既发挥政府的行政职能，同时又发挥总公司的经济杠杆功能。但是，由于管委会管理的最大特征是具有统一性和权威性，开发区总公司和专业公司基本上没有决策自主权。随着开发区的进一步发展，其弊端更是易见：

开发区管委会不仅负责宏观决策，同时还要负责具体的微观管理，容易导致政企不分，管委会管理权力过分集中，使管委会精力分散，降低管理的效率。

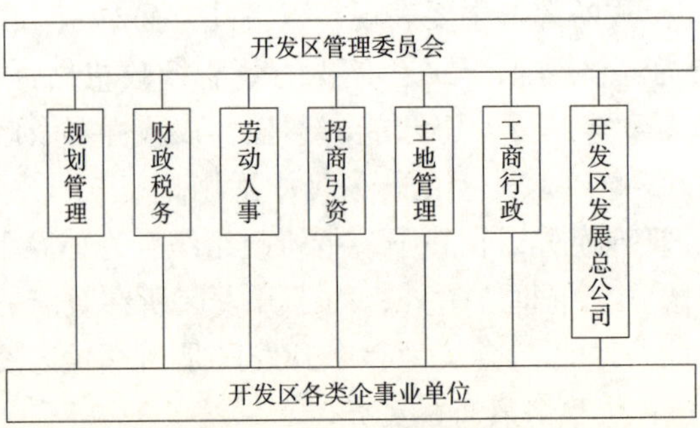

图 3-5 政企合一型管理模式

总公司的作用不能充分发挥，公司缺乏活力，形同虚设。

由于受自身利益驱动，很难对所有企业一视同仁，实行国民待遇。

2）政企分开型管理模式

在政企分开型管理模式下，管委会作为地方政府的派出机构行使政府管理职权，不直接运用行政权力干预企业的经营活动，只起监督协调作用；而开发区的所有公司（包括总公司和专业公司）作为独立的经济法人，实现企业内部的自我管理，从而实现政府的行政权与企业的经营权相分离。政企分开模式，目前为我国大多数开发区所采用，根据具体情况不同，又可以分为四种类别：

（1）管委会与总公司并存

开发区既设有管委会，又设有开发区总公司。管委会主要负责宏观决策，监督、协调和项目审批，总公司负责开发区项目引进，经营各种基础设施。广州开发区、天津开发区、常州开发区等均属这一类别。常州开发区（常州高新技术开发区）的总公司与管委会是并行的具有独立法人资格的经济实体。总公司的主要职能是招商、引资、合资合作和负责项目实施。管委会下设办公室、经济体制改革办公室、财政局、劳动人事局、经济发展局、地方行政管理局、国土规划局、工商财政局等机构，管委会行使对区内土地统一规划、审批进区企业、企业登记管理等职能。

（2）管委会与专业公司并存

开发区在设立管委会的同时，又设立各种专业公司，由专业公司负责各项基础设施的开发经营和项目引进，如福州马尾开发区、昆山开发区等。苏州昆山技术开发区是靠自费开发取得显著成功的典型，开发区采用“少政府，多专业公司”的管理模式。在管委会下设了办公室、项目开发部、规划部、动迁部、建设科、劳动人事科、财务科等机构。管委会的主要职能是管理开发区的行政事务，制订开发区的总体规划、年度计划及有关行政规章制度，对开发区的土地进行统一规划管理，统筹安排并审批开发区的投资建设项目，监督检查进出口工作和国家政策法令的执行情况，依法处理涉外事务，管理开发区的财政收支和财政规划等。而昆山开发区各类专业公司都是自主经营、自我开发、自我约束、自我发展的独立经济实体，如中国江苏国际经济技术合作公司昆山分公司、工业开发投资总公司、经营开发公司、物资公司、建设事业公司、工贸实业公司等。各类专业公司都有各自的服务领域，如建设实业公司，是一个以进行开发区基础建设为主的经济实体，兼营房地产业务。工贸实业公司则是一个工贸结合、技贸结合的经济实体，主要职能是洽谈外引内联项目，组织销售、代购、代销进出口业务，研究掌握经济情报，进行市场预测，为企业提供市场信息。

（3）管委会与联合公司并存

在这种管理模式中，管委会是作为政府派出的机构行使管理职权，而负责开发区建设及项目引进的总公司一般是由开发区管委会同其他企业共同出资建立的内联型股份制公司。这样可以充分利用大企业的雄厚资金、先进技术及管理经验来弥补开发区自身的不足，依靠国内实力雄厚的大公司作为合资开发的伙伴，以股份制形式建立联合公司，不仅可以部分解决开发区在近期内的资金困难，而且拓宽了开发区的信息渠道和出口产品的销售渠道，加快了开发区的开发建设速度，其经营、管理充分体现政企分开的原则。如宁波开发区就是实行的管委会与联合公司并存的管理模式。

1988 年 7 月，宁波开发区与中国五金矿产进出口公司、中国机械进出口总公司，共同投资 2.8 亿元组建了开发区联合发展有限总公司。按政企分开原则，开发区管委会负责贯彻执行国家的法规政策，行使工商行政管理、征税、项目审批、土地批租、文教卫生和公益事业等政府职能。联合总公司负责开发区的规划、建设、经营等项工作。管委会和由国内三方合资建立的联合发展总公司并存。这是宁波开发区的新尝试。

（4）管委会与中外合资公司并存

这种模式是中新合作创办的苏州工业园区的创新。苏州工业园区设立管委会，作为苏州市政府的派出机构，自主行使园区的行政管理职能，管理园区的公共行政管理事务。基础设施的开发建设、招商引资则以中新双方财团（公司）组成的合资公司中新苏州工业园区开发有限公司为主体，其中新方占有 35% 的股权，中国财团占 65% 的股权。

实行政企分开模式不仅体现了“小政府、大企业”的原则，还有利于充分发挥政府的行政职能，同时利用实力雄厚的企业资金和先进的技术管理经验来弥补开发区自身的不足，有利于充分发挥企业的经济职能，使二者相互促进，相互配合，推动开发区的开发建设工作和经营管理工作有条不紊地进行。

不过，这种模式也有其不足的方面，特别是在开发区初创阶段实行政企分开模式，有可能难以集中有限的人力、物力、财力用于开发区的建设。我国绝大部分开发区处于初创阶段，配套机制尚不完善，管理手段还不充分。在这种情况下，实行政企分开模式，对区内经济发展和布局在管理上有相当难度，难以彻底摆脱旧体制的束缚，易于分散开发区创建的力量。同时，在我国整个行政条块分割的情况下，开发区管委会易同政府各有关部门之间产生矛盾，尤其在级别相当的部门之间，要么互相推诿，要么分庭抗礼，有的开发区还出现权力不能落实的现象。

我国的城市开发区的组织管理模式经过不断探索和改进，在机构设置、职能地位等方面都已基本形成稳定的机制。在以上分析的三种组织管理模式中，每种组织管理模式都各有利弊，但是，目前在我国开发区管理模式的运行之中，管理效率最高，权威性最强，应用最广的还可能是第一种管理模式——行政主导型管理模式，这是由我国目前的国情和开发区的建设现状决定的。随着开发区建设的不断深入以及政府宏观管理体制的改革，开发区管理模式应该按照国际通行的惯例和社会主义市场经济体制的要求逐步加以完善。

3.3 我国开发区不同发展阶段管理特征分析

3.3.1 开发区创建阶段的管理要点

开发区的发展离不开政府的支持，无论在哪一种治理模式中，政府的支持和干预都会起到一定程度的作用，虽然程度各不相同，但在开发区创建之初，政府的管理却起到了决定性的作用。美国的硅谷、128 公路地区等是市场发展的产物，它们的形成也与政府的作用密不可分。在它们形成初期，政府的立法保障、政府采购等都对它们的发展产生过巨大的作用。这主要是因为：首先，开发区对外界的吸引力取决于其环境，如生活物质环境、投资环境、智力环境等的素质，这往往需要政府的参与才能营造，尤其是在开发区发展的初级阶段。如在生活服务环境方面，企业很难说服私立机构对建筑、住房、交通运输等基础建设项目进行投资以刺激当地的需求。没有政府机构强有力的支持，没有风险投资基金和良好的体制环境，公司在许多领域很难作出高风险的投资举措。其次，政府营造的整体政策软环境更是对开发区的运行至关重要。政府通过制定税收、金融、土地、规划、人才等方面的优惠政策，可以更好地吸引国内外的资金、技术人才，推动开发区的发展。第三，在建设驱动开发区的研究机构上，没有政府机构的支持是行不通的，同时政府也是加强企业界与科研教育机构合作的力量。

政府对开发区创建成长的支持主要体现在以下几个方面：

1）立法保证

这一点亚洲的国家和地区政府最为突出。如日本的《筑波研究学园都市建设法》、《高技术工业智密区开发促进法》和《技术城法》，韩国的《高技术工业都市开发促进法案》，中国台湾的《科学工业园区设置管理条例》，欧美的发达国家虽没有科技园区建设的特殊立法，但有大量保障本国科学技术发展的基本立法。

2）财政支持

国外对开发区的财政支持规模大、方式多。如德、英等先进的西方发达国家常采用直接投资或计划项目的方式支持园区发展。亚洲一些国家政府（韩、日、新）更是以大量直接投资、统一规划来促进高新区的发展。此外，国外还采用就业补贴、科研合同补贴、亏损补贴、搬迁补贴、设备与建厂折旧补贴等补贴方式来支持本国开发区的发展。

3）优惠政策

国外的税收优惠涉及很广，通过税收优惠促进开发区企业发展。例如巴西政府规定科技投入超过企业利润5%的企业可免交产品税，允许企业把所欠税款的80%用于研究与开发的投资，促进开发区企业技术含量的提高。此外，一些外国政府还通过银行或基金会的方式向园区内的企业提供低息贷款。

4）风险投资

美、英、日发达国家均有完善的风险投资体系（特别是开辟了二级证券市场，其特点是以发行风险企业的股票为主，发行标准和条件均低于一般证券市场），解决了开发区内企业、特别是高新技术中小企业的融资问题。高新技术产业是高投入、高风险的产业，而开发区内多为中小企业，由于自身实力的限制，在融资方面往往会遇到很多困难，风险投资正好解决了这一"瓶颈"问题，极大地促进了开发区的发展。在金融方面，实行比较宽松的金融管理，鼓励各种创新，为开发区的建设提供全方位的服务，是各国开发区的普遍做法。而我们在金融管理方面对开发区却实行了与区外基本相似的政策，同时又强调要大力支持开发区建设，实际上很不协调。美国硅谷之所以能够在短短的几年时间内便成为世界上最成功的高新技术产业区，是与其完备的风险投资机制分不开的。据了解，硅谷有上千家风险投资公司，还有发达的纳斯达克市场（NASDAQ），为风险投资流动提供入口和出口。

3.3.2 开发区转换升级阶段的管理要点

新加坡裕廊等开发区对区域产业升级与经济转型贡献巨大。其成功关键是能抓住开发区转换升级的机遇，对政府管理和市场化运作进行妥当的制度安排，适时推进开发区的企业化运作进程。

新加坡裕廊开发区的园区建设与服务最初由裕廊镇管理局提供，并通过下属分支机构负责开发。随着竞争环境变化，开发区抓住转换升级时期的各种有利机遇，对管理体制相应作出调整，使其更具有灵活性。为解决园区基础设施建设回收成本周期长的问题，裕廊开发区的成功经验是政府适时的干预和恰当的引导。即先由政府通过贷款或提供税收补贴支付，满足先期基础设施项目所需资金，而后再实施资金投入主体多元化政策，包括银行贷款、发放债券、处理资产收益和国家补贴等多种形式，妥善解决了公共产品的外部性问题。

新竹开发区非常重视加速开发区升级和调整。通过对公共基础设施进行社会招标，实行企业化经营，进行市场化运作，实现政府管理和市场化运作的有效结合，提高开发区经营效率。行政机构在补贴土地开发的同时，重视通过市场化运作降低土地开发成本，工程建设都采用了招投标形式。

3.3.3 开发区成熟阶段的管理要点

在开发区进入成熟阶段并具有一定规模以后，由于企业化经营的开发区在运行效率、促进企业与研究机构的合作、提供规范及灵活的服务等方面都优于政府治理型，因此，开发区治理模式演变仍然是朝着企业治理型的方向发展。例如，原先由新加坡科学技术委员会与裕廊镇管理局共同管理的新加坡肯特岗科学园区 1990 年就实行了私有化。另一个典型代表是新加坡裕廊开发区。近年来，其企业化经营趋势主要表现在以下方面：

1）通过社会化途径来解决园区服务问题

园区服务类型主要有 15 种：对新进入者提供建筑服务，包括广泛的配套服务、公共事业、电讯和通信、安全、清洁和绿化、设备修理和维护、餐饮、劳动力的培训、业务支持（如会计和法律）、后勤、交通运输、特殊目的的政企合作、住房、交通、教育（鲍克在 2002《中国开发区研究》中述及这些类型）。

早期，裕廊镇管理局作为园区的权力机关为它的客户提供了广泛的服务，包括住房、教育、安全、公共事业和建设开发等。它们甚至开发娱乐园区和高尔夫球场，来创造一个更好的投资环境。随着开发区的发展，它们的服务逐步集中到制度领域以及与经营有关的服务。其他服务逐步推向社会或者由政府其他机构完成。

通过缩小服务范围，裕廊镇管理局能够提供更高质量的专业化园区用地服务。例如，在波那维斯达科学中心内，它们不仅提供最新的房地产，也提供了如法律咨询、网站设计、人力资源、商务咨询等服务，甚至提供了创造性服务，如“加速计划”。这是由裕廊镇管理局创立，并由微软、康柏、英特尔协作，提供知识导向性服务和训练的项目。再例如，建立“生物城”，对园内生化公司提供共享的试验室、孵化器、通用设备、第三方辅助服务设施（包括废弃物管理和实验动物的提供）。

2）不断调整管理机构，促进企业化进程

在新加坡改造传统的法定机构体制的背景下，原来的裕廊镇公司现在更名为裕廊镇管理局公司（JTC）。这种整合使裕廊镇管理局能更好地应对新经济，并为客户提供更高质量的服务。其目标是：通过对法定机构的重新调整，使它们能够将工作重心放在管理和发展等核心职能上。它们的行为将更加企业化，对市场的反应更加灵敏，并在吸引、挽留和激励人才方面更具有灵活性。因此，为了实现这些目标，必须将法定机构置于恰当的法规之下，赋予它们一定程度的灵活性和自主权，并采用一定的激励方式鼓励它们承担风险，进行创新。从制度上讲，采取这些措施的目的是为了保证迅速做出决策，缩短信息传递的过程。同时，也是为了使法定机构更大胆地决策，并勇于承担风险。改革给集团的分支机构更多的自主权，并使它们在一年之内成为全资子公司。例如，裕廊国际（裕廊镇管理局系统从事国际业务的一个全资子公司）和亚卡西房地产公司（裕廊镇管理局的另一家全资子公司，主要在新加坡从事园区开发）共同组建一家新公司“腾飞”，进而从国内和国际两个方面促进裕廊镇管理局公司在工业园区开发这一核心业务。

3.3.4 借鉴启示

1）不同的治理模式适用于不同的发展阶段

一般来说，欧美发达国家的开发区基本上能发挥市场本身的作用，政府的作用相对较小。这是因为这些国家市场经济比较发达，法制比较健全，即外部大环境比较好。而发展中国家和地区（甚至包括日本）较多采用政府治理型体制，政府在园区的建设中作用非常大。有的开发区完全是政府一手策划的产物，如韩国的大德研究团地等。究其原因，这主要是由于后进国家或地区的赶超战略使然，另外还有市场发育不完善、法制尚不健全、外部环境比较差等因素。

2）政府在开发区各国发展历程中发挥的作用不同

在开发区演进的不同阶段，政府应在何时主动介入和及时退出，没有固定的模式。政府需要运用最有效的政策手段，规制一个适于开发区在各阶段发展的制度环境，为其企业化运作创造有利的条件。

近年来，新加坡裕廊等开发区之所以成为后发国家与地区开发区的成功典范，主要是由于其能够对政府治理和市场化运作进行妥当的制度环境安排，减少政府的直接干预，培育高度市场化的环境，适时推进开发区的企业化运作进程。

3）适时发挥民间作用，尊重市场运行规律

政府必须认识到它在加速高技术产业发展方面所能起的作用是有限的，而且一些政策干预也并不能在短期内见到效果。美国硅谷和128公路的发展与政府的引导和支持是分不开的，但它在被人们认识为高技术区域之前至少已经有 20 年的历史。如果通过政策干预可以使高技术增长中心或科学园在另一地区再现或加强，那么政府到底能够最有效地运用哪些政策手段，便成为规划者面临的重要问题。政府只能在一方得益、一方受损的竞赛中行动，因而在某一个特定时期，不同地区可能为了获得固定的利益而互相争夺，其结果是政府可能会分散使用投资，那些规划建设的指定地区则因数目太多、范围太大而不能取得理想的效果。政府的管理和参与，并不能包办一切，干预一切，而大学、科研机构、企业、社会中介组织、个人的作用也是不可替代的。政府的最佳选择是在市场机制上充分发挥规范导向的作用。

3.4 开发区的生命周期及其演变特征

开发区是社会经济发展的特定历史阶段的产物，具有生物体生命周期成长的特征。生命周期通常是指生物在形态或功能上所经历的一连串阶段或改变，即从出生、成长、衰老到死亡的过程。纵观国内外关于生命周期理论的研究，如金德尔伯格的国家生命周期理论，波特的国家竞争力发展四阶段说，Vernon 等人的产业生命周期理论，伊查克·麦迪思、理查德.L 达夫特等人的企业生命周期理论，研究主要集中在国家、产业和企业三个层次。比较这些复杂的社会系统，其成长与消亡过程的演变，与生物体的生命演变过程相似，从它的诞生之日起，一般要经历新生期、成长期、成熟期和衰退期四个阶段。其中，成长期是系统发展的拐点和关键时期，决定生命系统在社会及经济发展中持续存在的时间长短。进入成熟期后，该系统能否按其正常的发展轨迹延续生命，主要取决于系统内部的发育条件和外部的生存环境。

3.4.1 借鉴启示

基于生命周期理论和开发区理论，我们认为开发区是一个复杂、开放的生命系统。从生命轨迹成长和发展演化的一般规律来看，开发区自创建到衰亡可分成创建期、成长期、转换期、成熟期和回归期等五个阶段，而不同阶段具有不同的治理特征（见图 3–6）。

开发区在不同阶段呈现不同的发展特征。创建期是开发区创立和诞生的时期。这一阶段的开发区要解决的首要问题不是成长而是生存问题，开发区之间的竞争以优惠政策竞争为主。开发区具有创新活力和动力，区内充满创新、冒险、创业氛围。企业快速集聚扎堆，生命力旺盛，但规模较小。成长期则是开发区开始由小到大、由弱趋强的时期。这一阶段的开发区可能在规模上

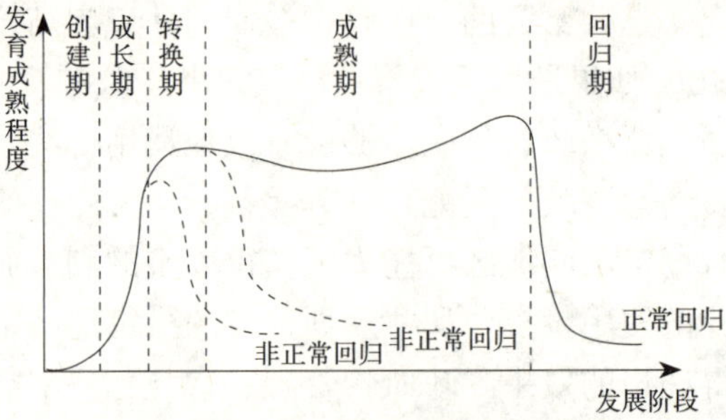

图 3-6　开发区生命周期演变特征

得到扩张或实力大大增强，在区域经济发展中具有增长极的带动功能，发挥示范带头的作用。创新创业的生态环境初步生成，人才资源集聚增多，少部分企业实现模仿创新的跨越。区内产业竞争力不断加强，出现了产业升级和转型的迹象。一部分开发区创新动力不足，未完成其历史使命而直接进入夭折性回归期。转换期是开发区多条发展轨迹的拐点和转折时期。该阶段开发区需要渡过二次创新创业和产业升级转型的关口。开发区之间的优惠竞争逐渐被制度竞争取代。绝大多数开发区在这一阶段缺乏创新的内在动力或外部环境条件，将直接进入夭折性回归期。只有少数开发区，初步具备良好的创新机制和创新创业生态环境，具备技术自主创新能力和适宜的创新制度安排，孕育出了鼓励创新的文化，而进入了成熟期。开发区处于适合创新创业的生态环境中。该阶段开发区已形成创新创业的积聚区，通过制度创新为企业创造最佳的创新创业环境。回归期通常是指开发区完成其历史使命，回归为城市发展的一般性工业区。其周边区域在开发区的长期带动下全方位与开发区相融为一体的工业新城区。开发区内外在制度体制和创新环境方面没有边界和孤岛隔离现象。

开发区向不同发展阶段过渡和转换需要一定的前提条件，通常受创新动力、外部环境条件制约。成长期和转换期在系统演化中最为关键。从其演绎规律看，回归期是其发展的历史必然归宿。由于条件不同，开发区在发展和转换阶段的途径上呈现离散性特征，未按照正常发展规律走向成熟却进入到回归阶段。开发区在转换期究竟需要什么具体措施，政府应该采用哪些政策或治理手段，使系统获得再生，进入到成长期或成熟期，并无明确和固定的模式。技术因素固然非常重要，但还要考虑与人力资本潜力发挥相关的经济组织结构和文化传统等社会因素。因此，系统尤其还需要持续不断的创新动力，需要敢冒风险、勇于承担风险的创新主体，允许失败的氛围和机制，需要具备与时俱进的制度创新、观念创新和文化创新。

比较美国硅谷和日本筑波城，两个开发区的绩效迥然不同。美国的硅谷由于在转化期抓住了机遇，作出了适宜的文化制度安排，突飞猛进发展，成为世界高新技术的圣地；而日本的筑波城则在强势政府主导的背景下，缺乏创新动力，发展迟缓。新加坡裕廊和中国台湾新竹之所以能够成功发展，也主要是由于其高度市场化的环境，并在开发区转化期获得再生和经济腾飞。

在我国，一直作为我国经济建设中先行先试、示范带头区域的开发区，经过二十多年的发展，已成为当地经济的"增长极"。从开发区生命周期模型看，目前我国开发区大多数已渡过创建初期求生存的初始阶段。开发区成长的离散性特征显现。少数开发区被合并或撤销，未进入成长期而夭折，大多数开发区则已步入成长期或转化期的关键阶段。目前，开发区建设的历史使命远未完结，由于开发区与城市及周边区域的各种矛盾，如区域协调发展，利益分配，而面临着管理模式受到挑战、发展空间受限等因素的制约。在现行体制下，地方经济发展基本上是各自为政、各行其是的局面，开发区与周边地区的利益关系很难协调，难以形成互惠互利、共同发展的合作态势和机制，抑制了开发区的带动作用。一些开发区与行政区合并回归旧体制，过早进入夭折性回归阶段。如宁波经济技术开发区与北仑区的合并，蛇口工业区和蛇口区的合并，青岛的黄岛新经济区和青岛开发区的合并，沈阳经济开发区与沈阳铁西区的合并。一些开发区在 21 世纪二次创业和自主创新的主旋律下，进行了探索性创新尝试。如杭州萧山经济技术开发区与杭州高新技术开发区合并，哈尔滨经济技术开发区和哈尔滨高新技术产业开发区的合并等。其中部分开发区在不远的将来有可能渡过转换期，实现开发区向上一阶段升级。但也有一些沿海的开发区，如苏州工业园区、昆山开发区和上海张江开发区等，积极创新探索开发区发展的新路子，抓住消化国外先进技术并进行自主创新的新机遇，从规模型扩展走向内涵型增长，正谋求更高层次的成长。

3.4.2 未来演进发展趋势

美国硅谷的成功引起世界众多国家与地区仿效，但效果千差万别，从而又引起人们讨论"硅谷能否复制"的问题。现实是既有一定程度的成功者，也有完全走样的失败者，究其原因无非"复制"的条件与做法不同而已。

硅谷的成功，一大前提是高度市场化的大背景，所以，自在创建阶段就自然而然形成公司化治理。新加坡的裕廊开发区在企业化经营方面的探索也取得成功，但复制到中国江苏的苏州，由新加坡方面投资建立的工业园区采用了企业治理型模式，在多年的运行中经过一再努力协调，最终还是回归政府治理型模式。新加坡的投资环境也是高度市场化的，它复制硅谷成功以后，在苏州的“复制”却没有成功。这给我们一个深刻启示：无论是在开发区的创建期、成长期还是转换期，使用企业治理模式都必须具备市场经济的法制环境与文化环境，政府改革在政企分离方面已经取得决定性的进展，否则，任何“复制”或转换都注定要失败。

从日本筑波科学城与美国硅谷的比较中我们看到，强势政府对于开发区的“溺爱”必然造成开发区的“幼稚病”，解决问题的根本办法是向公司化治理转变，前提自然也还是高度市场化的综合环境。

无论出于开发区自身发展的需要，还是因为WTO规则的约束，中国的开发区或早或晚都必然走向企业治理型模式。中国政府有鉴于日本的政府治理型市场经济体制的根本弊端，正在有意识地向自由市场体制引导，这一大趋势也必然要求中国的开发区管理体制朝着企业治理型方向发展。

4 国内外开发区案例借鉴研究

4.1 国外开发区案例研究分析

4.1.1 新加坡裕廊开发区的管理体制

1）发展历程回顾

裕廊开发区的发展经过了四个阶段：① 提供基础设施阶段（1961~1968）；② 超需求发展阶段（1968~1979）；③ 高科技和资本主导阶段（1980~1990）；④ 保持竞争优势和知识主导阶段（1990~ ）。

第一阶段，建立开发区的理由是：对一个不发达地区而言，园区可以为工业集聚发展提供场地，节约基础设施成本。根据《1961—1964 发展规划》，"政府经过有意识地进行工业选址，将产业集中到特定的区域内"。工业园区在那个时期主要提供基础设施，如水、电、路和低技术劳动密集型产业所需的平整的土地。当时，任何企业都受到欢迎，如来自中国台湾和中国香港的玩具、纺织品厂家，也包括本地植物油、蚊香的生产者，以及汽车、收音机和其他电器组装厂。新加坡这项政策取得了巨大成功。经济结构在 10 年中发生了巨大的转变，制造业及其相关产业占 GNP 比重从 1961 年的 13.6% 上升到 1971 年的 28.4%。裕廊这个名字标志着大规模生产基地的诞生。

在第二阶段，新加坡推行了"基础设施先行"战略。为加快招商，必须有成熟的土地和设施来促使投资者下决心在新加坡设厂。工业园区生产周期很长，所以必须有大量的园区设施的存货。财政部直接拨款开发，这项措施见效很快。开发速度从 1967 年的 101 公顷一年内跃至 662 公顷，其中的 383 公顷已交付使用。一些重要投资者，如德州仪器、国民半导体、惠普、通用电器、美占制药和罗莱照相机等公司，于 20 世纪 60 年代末期和 70 年代初进入工业园区，并在新加坡形成了工业群，这些跨国公司在工业园区的结构转化过程中起到了催化作用。

20 世纪 80 年代，新加坡经济趋于成熟，裕廊镇管理局将发展的重点转向了高科技和资本密集型工业，这是从 1979 年起的所谓"第二次工业革命"

的直接结果。裕廊镇管理局设计了旨在提高生产水平的10年总体规划(1980—1990)。这个规划有特殊的设施要求，包括将南部的岛屿开发成石油化工产品的生产和配售中心，将罗央开发成第一个航空工业中心以及建设新加坡科技园区以容纳科技开发型企业。

20世纪90年代以来，有限的土地资源和激烈的竞争将工业园区发展推进到新的阶段。科技园、技术园、科技中心纷纷涌现，土地的混合使用概念被接受了，创造性的设计被不断采用。出现了工业园区发展过程中的几个里程碑，包括组合式标准厂房、化学数理中心、科技中心和商业园区。为了提高园区土地的生产力，设计和发展工业园区的关键方式是将成本效益分析和知识经济的高效率融合在一起。

2）管理体制分析

新加坡政府认为工业园区是产业选择的对象。由于没有传统工业作为基础，政策制定者倾向于引进外来工业，这样做的目的是，让国际性企业在园区发展中发挥主导作用，并且做出地理位置决策。园区的政策以支持商业发展为重点，并且培养跨国公司对工业园区的地区依赖性。其政策可以理解为，由于世界上的核心工业和新兴工业集中于世界经济强国，主要是美国、欧盟和日本，因此园区应该利用特殊的地域资产，主要是低廉的劳动力、原材料的可获得性、市场的准入程度、便利的运输条件及其他要素，将跨国公司从这些国家吸引过来。

（1）体制框架

在规划方面,市区重建局和裕廊镇管理局扮演主要角色,其他法定机构(陆路管理局、建屋局、市政局以及新加坡公园管理局等）参与规划制定和实施。

在园区载体生产方面，新加坡国会在1968年6月批准建立了裕廊镇管理局（JTC)。其职能为：发展和管理土地、园区、不动产、城镇和国外用于工商业发展的地产；为工商业发展提供便利条件，包括为工作人员提供舒适安宁的生活工作环境。

在园区推销方面，主要是经济发展局。经济发展局扁平化的组织结构和较大的自主权,提高了推销速度。经济发展局在纽约、旧金山、洛杉矶、芝加哥、华盛顿特区、波士顿、伦敦、巴黎、法兰克福、米兰、斯德哥尔摩、香港、台北、东京、大阪、雅加达和苏州都有销售中心，新加坡总部则是岛内企业一站式服务中心。裕廊镇管理局的内部销售机构则完成园区销售技术层面的工作。园区服务最初由裕廊管理局提供，后来逐渐社会化。

裕廊开发区在第一阶段的体制具有非常强的超自主性质。园区由1961年8月成立的经济发展局负责投资、建设、招商、服务、产业政策等全过程，为早期开发区的快速启动奠定了基础。1968 年 6 月 1 日，经济发展局工业园区部独立出来，成为裕廊镇管理局，隶属财政部，从经济发展局中派生出裕廊镇管理局是一项明智的制度决策。当出现投资高峰时，工业设施的供不应求是一个潜在危机，会影响园区的生产。裕廊镇管理局的职责确保了集中精力开发建设，进行专业化知识的积累。裕廊管理局目前隶属贸工部。随着新加坡社会的日益成熟，裕廊管理局进行了改组，成为裕廊集团，向政企分开迈出了一步，但新加坡政府没有将裕廊集团私有化（新电信、新航、发展银行、新加坡港等都已私有化）。开发区在新加坡仍然具有一定公共产品性质。

（2）政策安排

裕廊开发区最重要的政策安排是土地和资金，没有特殊产业政策安排。广义讲，新加坡全岛是一个大开发区。在土地非常稀少的条件下建立工业园区，土地的安排尤为重要。从法律的层面来说，新加坡从制度上用两种方法来解决这个问题。首先是《规划法》，总体规划对土地使用提供法律依据，并控制私人部门对土地的占用。其次是《土地征用法》，采用法律手段保证政府以较低的固定费用获取私人土地，增加政府对土地的拥有。1961 年的《土地征用法》修正法案增加了“火灾条款”。该条款规定土地使用权不得超过 99 年。这项制度安排不仅确保了园区开发者以最快的速度获得工业用地，同时也保证了土地的可获得性。更为重要的是，裕廊镇管理局能以较低的成本建立工业设施。

开发所需的资金来自政府。1961~1964 年国家发展计划分配了 1 亿新加坡元用于工业领域，大部分都投入了工业园区。裕廊镇管理局从经济发展局中独立出来时，投入的资金也增加了，尤其是在超需求发展阶段。1975~1976 年间，政府的工业开发支出增长了 37.5%，其中 73.5% 进入了与开发建设相关的法定机构，主要是裕廊镇管理局和建屋局。目的是刺激经济，为新加坡工业化的下一个阶段做准备。

（3）招商服务

经济发展局很好地发挥了吸引跨国公司的作用，它是一个拥有大量自主权的行销组织，该法定机构是个具有公司结构的销售部门，类似于行销公司，在发达国家的各经济中心城市都有代表机构。其三项制度安排很有创见并且获得了成功：

由销售代表作为基本单位负责项目信息的收集、联络和推销。

“一站式服务”。此制度被亚洲地区其他国家竞相效仿。这主要是一项构建信任关系的做法，对于在国外寻找生产地点的公司来说，面临着不确定性和潜在的风险，“一站式服务”降低了投资者的心理不安全感。

经济发展局具有高度自主权。只要对跨国公司选址是必要的，几乎所有的事情都可以由经济发展局解决。它们决定土地价格、设施改造、劳动力供给以及税率，甚至能为公司的重要客户核发访问新加坡的落地签证。

3）经验启示

（1）全盘考虑的经营理念

对园区开发者而言，园区是一系列活动的过程，包含规划、开发、推广、维护、服务、改造等。对政府而言，园区是社会、政治和经济政策的载体，是实现政策的手段，是实现发展目标的工具。除了一般的自由贸易和投资环境以外，园区还可以实施更为优惠的政策，诸如税收优惠和管理上的便利等。战略意义的地理位置、稳定的政治环境、高效的公务员队伍、透明的法律系统、配套的基础设施和便捷的交通通信网络，是强大工业园的构成要素。

（2）高效率的机构设置和交易机制

新加坡开发区成功关键之一是中央和地方合一的单一层次政府以及交易速度快。速度在很大意义上决定了交易成本。一站式服务与其说是一种实际的服务方式，不如说是在投资决策过程中支持商业的一种表示。新加坡工业园区的真实优势在于政府相关的交易成本很低，包括投资许可、营业执照、城市规划与建设设计许可、劳动力、税收、进出口报关服务和其他监管活动等的相关费用都不高。集聚政策、人力资本政策、资本与劳动力合作等安排，使机构之间协作变得简易，信息流动量被极大地减少了，交易速度快于其他地区。大部分国际化中心城市的公共管制结构要比新加坡更为复杂，东盟成员国由于其中央、省级和市级政府多层次结构模式就不能具有这种优势。

（3）园区开发者掌握专营权

直至今天裕廊镇管理局还控制着工业用地、科技园区和商业园区的供给权。新加坡工业园区的竞争对象在国外，而非国内园区，这一点与世界上许多国家不同。竞争有三种类型：国家之间、地方政府之间以及园区开发之间的竞争。企业在一个园区的产出供给可以同时提供给全球消费者。北京地区有24个工业园区（虽然理论上都是政府所有，但隶属关系不同），不但相互竞争，并且与上海、天津和广东的工业园区展开竞争。新加坡的安排保证了较好的规模经济，提供了较好的经济发展空间（多元化），降低了租金，摊薄了共享设施的成本，可以提供公共服务，提高推广效率战略，树立园区品牌，更重要的是节约了土地资源。

4.1.2 美国硅谷管理模式

1）发展历程回顾

人们传统称谓的硅谷位于美国加利福尼亚州的旧金山经圣克拉拉至圣何

塞近50公里的一条狭长地带，是美国重要的电子工业基地，也是世界最为知名的电子工业集中地。它是随着20世纪60年代中期以来微电子技术的高速发展而逐步形成的，其特点是以附近具有雄厚科研力量的斯坦福、伯克利和加州理工等世界知名大学为依托，以高技术的中小公司群为基础，并拥有思科、英特尔、惠普、朗讯、苹果等大公司，融科学、技术、生产为一体。今天的硅谷已经成为世界实力最雄厚的高科技园区之一。

很多人把硅谷的成功归功于市场化的经营模式，认为后来的筑波科学城等开发区没有达到硅谷的高度，是因为它们都是政府规划的产物。但是，人们忽视了在硅谷建设之初政府力量所给予的作用。

首先，美国政府国防部的订单对硅谷新技术的扩散影响重大。可以说，在硅谷形成的初期，正是由于美国国防部对尖端电子产品的大量需求才使得许多年轻的高科技公司生存下来并发展壮大。据统计，1955~1963年期间，硅谷半导体35%~49%的营业额来自于政府的采购。

其次，政府为硅谷的不断扩展提供规划用地。20世纪50年代的硅谷有150家公司，160栋楼，原先规划的土地几乎被用光。硅谷的每次扩建，周围的社区、环保主义者和其他特殊利益组织就会提出诸如空间、交通、濒临灭绝物种等问题。地方政府在协调各方利益的过程中发挥着重要的作用。

最后，不断改善硅谷的交通状况。在硅谷，私营企业很少介入道路交通等公共投资，因而投资交通等基础设施建设、减少交通阻塞和交往隔阂，是美国政府机构所完成的重要职能。

2）经验启示

一个开发区究竟采取哪种经营模式，应该是根据本身的发展状况、发展阶段来确定的。在今天看来，硅谷的确是市场化的经营典范，然而实际上，在硅谷建设之初，政府对开发区的基础建设、土地划拨的作用是不可忽视的。后来，随着硅谷的基础设施建设不断完善，开发区内的企业力量不断壮大，政府参与越来越少，才是今天我们看到的几乎完全由市场主导的经营模式。

硅谷的崛起固然离不开政府的支持，但决不是政府刻意设计的，政府在其中的职责是建立游戏规则，对园区的发展实行合理指导，如加强基础研究和教育投入、为企业提供良好的法律法规环境等。硅谷的企业制度与管理模式形成了三方面的优势：第一，企业广泛采用了开放型、网络化生产结构，适应高新技术变化速度快、成本高的特点；第二，充分体现了人力资本产权的核心地位，建立了股票期权、共同决策与管理、部门分权与平等化的制度；第三，建立和培育了新型的产学研关系和新型的非正式组织系统。

4.1.3 柏林与勃兰登堡州地区的协调发展

该案例是跨区域发展的典型案例。尽管困难重重，但是共同的目标将政府连接在一起，通过区域协调发展规划，发挥地区更强势的竞争力。

1）发展历程回顾

柏林与勃兰登堡州共有土地3万多平方公里（占德国国土面积9%），人口600万。其中，柏林891平方公里，人口350万；勃兰登堡州2.81万平方公里，人口250万。在行政区划方面，柏林经过2001年的区划调整后共有12个区；勃兰登堡州在1993年进行了区划调整，现有14个县和4个县级市。根据宪法，这些区县在行政管理上实行自我管理。

统一后的柏林成为德国的首都，成为联系东、西欧政治、经济、文化的重要桥梁，同时为柏林和勃兰登堡州的发展提供了新的发展动力，而引进的市场经济体制和消除东、西柏林经济、社会隔阂等措施，为柏林和勃兰登堡州地区提供了新的就业市场和广阔的发展空间。更为重要的是，从欧洲的区域发展看，多年来人们一直认为，欧洲的经济中心位于伦敦至米兰之间的轴线上，它集中了欧洲60%的国民生产总值。但是，就目前而言，欧洲迫切需要向更加边缘、交通便利的地区发展，为投资和经济发展创造新的条件。向东欧发展正是这一战略选择的重要方向。

但是，发展中的柏林和勃兰登堡州由于不协调面临着挑战。柏林与勃兰登堡州曾试图通过合并来共同面对地区发展中的挑战，但这一建议在1996年的公民投票中因为未能获得勃兰登堡州居民的同意而搁浅。

尽管如此，柏林和勃兰登堡州决定采取措施，共同编制柏林和勃兰登堡州区域规划以及空间发展框架，为柏林和勃兰登堡州的共同发展创造条件，为区域城市化进程创造双赢的发展机遇。

2）管理体制分析

为了使柏林与勃兰登堡州的区域发展能够协调统一，柏林和勃兰登堡州决定成立共同的“区域规划委员会”，采取协调的区域发展策略和空间模式。区域规划委员会的主要任务是寻求合适和必要的政策和法律支持，通过各种手段，促进整个区域的协调发展，实现不同规划层次和不同专业之间的利益共享与互动。

为此制定了以下几条基本原则：

尽可能地促使聚落密集发展，在现有科研、商业和工业能力基础上发展经济，做到以人为本；尽可能地保持地区中心之间的便捷联系，加强柏林都市中心与勃兰登堡州的休闲中心和自然保护区之间的交通联系，并在此基础上保护生物多样性和自然环境，做到以自然为本；采取共同行动，在房地产开发、土地管理、交通与能源基础设施建设等方面实现相互协调；坚持以可持续发展为主，采取切实可行的城镇发展策略，注意利用已有的基础，例如密集的城镇聚落和多样的自然条件，保护农业、生态和自然资源。根据上述原则，双方认为，无论柏林与勃兰登堡州能否合并，都需要加强区域合作，实现利益共享。

3）经验启示

纵观柏林与勃兰登堡的发展，可以看到，在行政关系互不隶属，行政区划相互关联的地区，通过采取共同的行动来实施区域协调发展可以达到双赢的局面，关键在于要有共同的意愿和切实可行的步骤和策略。城市发展与整个社会宏观背景的转换密切相关，取决于不同城市之间的协调合作与利益共享，只有在竞争和合作中才能逐步成熟。

4.2 国内开发区案例研究分析

4.2.1 苏州工业园管理体制

1）基本概况

苏州工业园从开发区的行业特点看，是典型的开发区。虽然它启动的时间较晚，但其综合实力已经位于开发区前列，由于其高质量的园区规划和大规模招商，特别是新加坡园区管理经验的引入，使其成为国内水平最高的开发区。

工业园区紧靠苏州古城，距上海一小时车程，总规模253平方公里，其中中新合作完成了70平方公里的总体规划。按照规划，将建成一座60万人居住工作的新型工业城市。首期开发8平方公里,将建成一个以工商业为主体，包括金融业和旅游业的中心区，第二期环绕苏州金鸡湖，将建成一个富有水城特色的居住和高新技术产业区；第三期靠近上海，地势开阔，将建成一个技术密集的制造业和加工工业基地。

2）管理体制分析

（1）体制框架

苏州工业园是中国和新加坡两国政府签署协议兴办的国际合作项目，园区的行政管理由中方全权负责，成片开发由中新合资的开发公司负责，对外招商引资由中新联合共同负责，国务院同意在苏州工业园区自主地、有选择地借鉴新加坡经济发展和公共管理方面的经验。

苏州工业园区设党工会和管委会，分别为苏州市委市政府的派出机构。

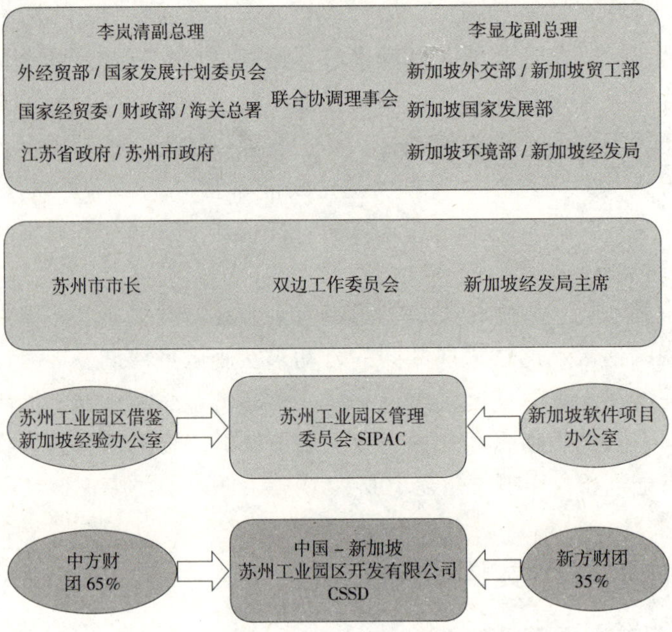

图 4–1　苏州工业园开发中新合作关系图

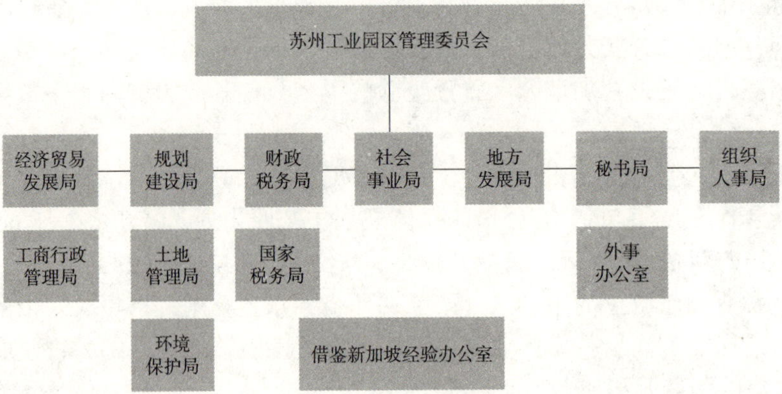

图 4–2　苏州工业园区管委会职能部门设置

管委会主任由专职副市长兼任。管委会职能机构设置如图所示。其组织机构极为精干，在国家级经济开发区中属于小型政府。管委会承担了开发区内全部经济管理和服务功能，为投资者从企业设立、开工建设、劳动用工到生产经营各阶段提供“一站式”快速服务。在用人方面，管委会人员除了领导层以外，全部面向国内外公开招聘。

（2）建设开发模式

园区开发建设是典型的企业开发模式，比一般国家级经济技术开发总公司模式更为清晰明确，园区开发机构为中新苏州工业园区开发有限公司承担苏州工业园区规划区内的成片开发，招商引资及基础设施建设。

（3）政策安排

园区享受经济开发区的全部政策，并享有部分特区的政策，如在园区可以设立外资、中外合资的金融机构和商业零售业。在项目审批方面，园区的权力超过国家级经济技术开发区的 3000 万美元权限，提高了招商引资速度。

（4）招商与服务

苏州工业园区招商的“一个观念和四个手段”是十分有效的。一个观念是强烈的“亲商”观念，即园区管委会的各个部门，都强化为客商赢利服务的思想。四个手段是：在国际招商网络基础上的敲门法招商，建立最具竞争力的综合优势，有吸引力的特殊政策，为我所用的招商标准。“亲商”在实际工作中最重要的表现是服务效率，交易时间的降低即最大的“亲商”。

园区管委会在国际大厦二楼设立一站式服务大厅，简化办事程序；建立亲商服务观念，并采取更为积极的措施；减少收费项目，从原来的 27 项归并减少为 8 项；同时降低收费，全面实行承诺制；建立外商投资企业协会，定期走访客户等。

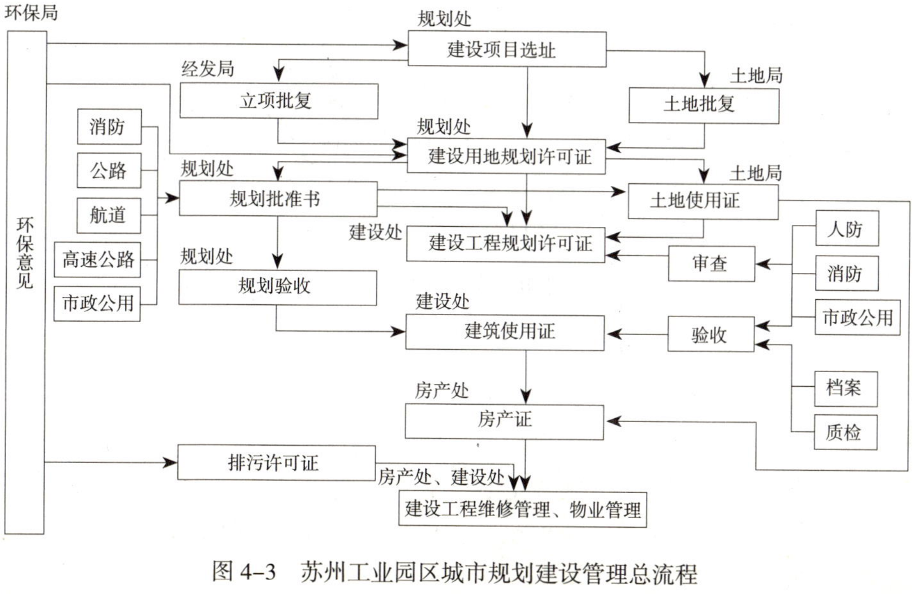

图 4-3　苏州工业园区城市规划建设管理总流程

3）经验启示

（1）体制设计具有较强的行政职能，保证了工作的落实

园区在机构层次、管制授权、政策安排等方面都较强，甚至超过了普通国家级开发区。在项目审批的权限上，远超过江苏省的职能。保证了开发区招商、建设、服务过程中的交易速度。其领导层的配置特点，不但能使建设一线的问题及时反馈到地方政府高层，而且便于维持初始规划的科学性和严肃性。

（2）积极的学习经验，他为我用，保证了建设速度，体现公平

速度与公平是体制设计中的一对矛盾。开发区体制基本上是一种效率体制，即在体制上不遗余力地解决速度问题。速度与公平的统一发展到新高度，是体制质量上升的表现。苏州工业园体制超越国内其他开发区，实现了速度与公平的统一。表现在两个方面：一方面，由于体制学习过程中大量人员得到培训，移植全过程的“管理软件”，从招商、规划、建设、服务，到内部行政管理、社区管理、社会保障等，把新加坡开发区几十年积累的诀窍融入园区，大大提高了工作效率。在园区的开发建设方面，借鉴“基础设施先行”的裕廊做法，把投资项目市场的竞争放在第一位，实践证明，这种做法可以迅速提高经济总量，反过来快速增加税收和土地收入，解决了“滚动”与“超前”的矛盾。另一方面，技术层面的体制移植，体制设计的精细化、程序化、规范化，大大提高了体制的透明度。体制运作从传统的信任型上升到程序的科学型，体制行为的可预测性提高，从而在速度的基础上解决了公平问题。

4.2.2 广州开发区管理体制

2004年，广州开发区的地区生产总值（GDP）、工业增加值和财政收入等主要指标首次超过天津开发区，跃居全国开发区第一。抛开区域合并所带来的某些不可比因素，广州开发区经济实现跨越式发展的重要原因之一就是多年以来在管理体制、政府服务和统筹发展等方面所进行的积极探索和大胆创新。

1）基本概况

目前的广州开发区是由1984年成立的广州经济技术开发区、1991年成立的广州高新技术开发区、1992年成立的广州保税区、2000年成立的广州出口加工区和2003年受托管理的周边地区整合而成的，是国内唯一集开发区、高新区、出口加工区、保税区和行政区（萝岗区）的党政管理机构为一体的综合性区域。为了充分发挥政策和资源优势，形成强大的经济组团，培育广州

经济社会发展的龙头，广州市委、市政府决定对地域相邻、优势互补的四个国家级经济功能区进行整合。

广州开发区经济功能区、委托管辖区和广州市萝岗区概况　　表 4-1

<table>
<tr><th colspan="2">区　域</th><th>开发时间</th><th>城市总体规划面积（平方公里）</th><th>国务院批准功能区面积（平方公里）</th><th>备注</th></tr>
<tr><td colspan="2">一、广州经济技术开发区</td><td>1984 年 12 月国务院批准</td><td>51.57</td><td>38.6</td><td>—</td></tr>
<tr><td rowspan="3">其中</td><td>西区</td><td>首期开发</td><td>9.6</td><td>9.6</td><td>独立开发</td></tr>
<tr><td>东区</td><td>二期开发</td><td>12</td><td>12</td><td>独立开发</td></tr>
<tr><td>永和经济区（广州台商投资区）</td><td>三期开发</td><td>37.57</td><td>17</td><td>与增城市政府合作开发</td></tr>
<tr><td colspan="2">二、广州高新技术开发区</td><td>1991 年 3 月国务院批准</td><td>47.44</td><td>47.44</td><td>1998 年 8 月与开发区合署办公</td></tr>
<tr><td rowspan="3">其中</td><td>广州科学城</td><td>—</td><td>37.47</td><td>37.47</td><td>独立开发</td></tr>
<tr><td>国际生物岛</td><td>—</td><td>1.8</td><td>1.8</td><td>独立开发</td></tr>
<tr><td>天河科技园等</td><td>—</td><td>8.17</td><td>8.17</td><td>政策辐射</td></tr>
<tr><td colspan="2">三、广州保税区</td><td>1992 年 5 月国务院批准</td><td>2.0</td><td>2.0</td><td>2002 年 6 月与开发区合署办公</td></tr>
<tr><td colspan="2">四、广州出口加工区</td><td>2000 年 4 月国务院批准</td><td>3.05</td><td>3.05</td><td>开发区管委会负责开发建设</td></tr>
<tr><td rowspan="2">其中</td><td>起步区</td><td>—</td><td>0.9</td><td>0.9</td><td>本田汽车出口基地</td></tr>
<tr><td>扩展区</td><td>—</td><td>2.15</td><td>2.15</td><td>—</td></tr>
<tr><td colspan="2">五、受托管辖区</td><td>2003 年 1 月市政府授权</td><td>154.2</td><td>—</td><td>—</td></tr>
<tr><td colspan="2">六、萝岗区</td><td>2005 年 4 月国务院批准</td><td>389.06</td><td>—</td><td>—</td></tr>
<tr><td>其中</td><td>中心城区</td><td>—</td><td>45</td><td>—</td><td>20 万规划人口</td></tr>
</table>

广州开发区经济功能区、委托管辖区、广州市萝岗区整合过程　表 4-2

批准时间	批准机关	批准内容
1999 年 8 月	国家科技部、广州市委、市政府	广州高新区与广州开发区实行合署办公，其中广州科学城（后来增加广州国际生物岛）由开发区管委会负责开发建设
2000 年 4 月	国务院	广州出口加工区设在开发区东区内，由开发区管委会负责开发建设
2002 年 6 月	广州市委、市政府	广州保税区与广州开发区实行合署办公
2003 年 1 月	广州市委、市政府	白云区萝岗镇、天河区玉树村、黄埔区笔岗村以及黄陂农工商公司、岭头农工商公司等整建制地划归广州开发区
2003 年 5 月 ~2004 年 6 月	广州市政府	委托开发区管委会行使广州市政府对黄埔区夏港、白云区萝岗、东区、联和共四个街道办事处有关经济社会行政管理职权
2003 年 10 月	商务部、国土资源部和建设部	东区北片和永和经济区正式纳入国务院批准的广州经济技术开发区规划调整范围
2005 年 4 月 28 日	国务院	从白云区、黄埔区、天河区和增城市分别划出部分村委会、居委会或街道办事处所辖区域设立萝岗区

2）体制运作

二十多年以来，广州开发区先后开发建设了西区、东区、永和经济区、科学城、国际生物岛等地理上有一定距离的片区。即使在交通条件大大改善的今天（开发区管委会曾投资开凿了通向永和经济区的近 1 公里长的双向隧道），从广州开发区管委会所在的西区出发，乘车抵达东区、科学城、永和经济区、国际生物岛仍然分别需要大约 15 分钟、30 分钟、40 分钟和 45 分钟。因此，如何使“四区合一”的管理体制适应“飞地”经济发展的实际需要，一直是广州开发区管委会面临的一大挑战。

在区域整合过程中，广州开发区的管理体制几经变迁，主要体现两大运作特点：

（1）行政职权相对集中

在区域整合过程中，广州开发区管委会的机构调整经历了以下变迁：

1998 年 8 月，广州高新区与广州开发区实行合署办公时，大部分原高新区干部转调到开发区相关职能部门从事原有工作，但为了保持相关工作的平稳过渡，开发区管委会仍然以原高新区干部为主成立了一个“综合业务管理局”，主要负责广州科学城内的开发建设和协调联络等工作。

1999 年年底，广州科学城内的开发建设等职能由开发区规划国土建设局下属的土地开发建设中心统一行使，综合业务管理局的职能调整为负责广州出口加工区的筹建工作。2000年年底，综合业务管理局正式撤销。

2000年4月，国务院批准成立广州出口加工区，从开发建设、招商引资到日常运营的所有职能均由开发区相关部门统一行使。

2002年6月，广州保税区与广州开发区实行合署办公时，大部分原保税区干部转调到开发区相关职能部门，只保留9名原保税区干部组成“保税业务管理局”，主要负责广州保税区和出口加工区建设发展过程中的协调联络等工作。目前保税业务管理局仍然保留，相关职能不变。

（2）管理重心适度下移

多年以来，广州开发区管委会一直保持着高度精简的党政管理机构，行政编制控制在220名左右，而实际管辖区域既包括数十平方公里的经济功能区，也包括上百平方公里的农村地区，2003年以来的实际管辖总面积达到215.5平方公里。为了解决辖区广与人员少之间的矛盾，广州开发区大力推进社区管理体制改革，合理划分职能部门与基层部门之间的职权，从而促进了管理重心的适度下移，提高了公共管理的绩效。

2003年12月，广州开发区开始实施《社区管理体制改革总体方案》。该项改革的指导思想可以概括为四句话：“立足基层、重心下移、完善机制、健全网络”。所谓重心下移，就是要求凡是下放以后更有利于加强管理的社区管理事权，都要下放到街道、居（村）委会；凡是由区职能部门进行统一管理更有利于区域投资环境建设的社区管理事权，要由区职能部门进行统一管理并不断强化。区职能部门主要负责社区管理的总体规划、统筹、指导和监督，街道办事处、居（村）委会主要负责社区管理事项的具体执行工作。

2004年10月，广州开发区开始实施《关于加强我区街道工作的意见》（以下简称《意见》），进一步理顺街道管理体制，加快推进城市化进程。《意见》要求按照“谁主管、谁负责”、“属地管理、守土有责”和“责权利一致”的原则，强化街道在城市管理中的基础作用，确保各项管理工作落到实处。以市容环境卫生工作为例，《意见》规定：区环境综合管理局负责管理由区财政投资建设的市政设施的环境卫生工作，街道办事处负责监督管理辖内非财政投资的物业小区、企业、村庄等单位的环境卫生工作，岭头、黄陂两个农工商总公司范围内的公共环境卫生由所在的居委会负责。

“四区合一”管理体制使广州开发区既实现了四个国家级开发区的功能整合，又拥有了国家法律赋予行政区的社会事务管理权和行政执法权，有效发挥了五个区域在功能、资源、开发等方面的综合优势：

一是组织机构高度精简。广州开发区管委会是广州市政府的代表机构，依法享有市级经济管理权限，同时大力推进机构改革和减少管理层次，从而极大地提高了工作效率。目前广州开发区党委、管委会共设立党政办公室、政策研究室（法制办公室）、经济发展局和规划国土建设局等19个工作部门，3个政法机构（公安分局、区检察院、区法院），2个社会团体（区总工会（企业党委）、区团委），4个街道办事处（夏港、萝岗、东区、联和），党政机构行政编制225名，街道办事处行政编制60名，无论是工作部门还是行政编制的数量在全国同类地区都是最精简的（工作任务超负荷的部门可以聘用合同制的政府雇员）。萝岗区成立后，除了依法成立区人大、区政协外，开发区党委、管委会只需适当增设工作机构、加挂区委、区政府的牌子就可以行使相关职能，这样既能赋予开发区管理社会事务的职能，又能保证开发区管理体制的高效灵活。

二是政策资源综合集成。开发区、高新区、保税区、出口加工区四大功能区分别具有不同的优惠政策，"四区合一"后，广州开发区拥有我国对外开放最完整、最系统、最丰富的政策体系，能够满足不同类型、不同需要的各类投资者的需求。

三是区域发展统筹兼顾。受托管理周边地区和成立萝岗区之后，广州开发区在保持原有的灵活和高效体制基础上，既扩大了开发建设用地，也拥有了合法的行政管理和执法权，从而使城乡发展和区域发展得以统筹兼顾，进而实现从经济功能区向现代化新城区的转变。

3）服务模式

为了形象地描述企业服务模式，广州开发区有关部门负责人把开发区管委会戏称为提供"三陪"服务的"夜总会"：一陪投资考察，目的是吸引有投资意向的项目更多地落户开发区；二陪厂房筹建，目的是帮助已落户的项目更快地投试产；三陪生产经营，目的是协助已经投产的企业更好地达产扩能。正是这种全过程、全方位的"三陪"服务模式，使广州开发区对国内外投资者产生了强烈的"蚂蚁效应"：一只蚂蚁发现甜美可口的糖果之后，成千上万只蚂蚁立即蜂拥而来。

(1) 各个阶段工作

在"一陪"阶段，广州开发区的招商引资工作可谓是"八仙过海、各显神通"。每年的招商任务主要是下达到广州开发区直属的七个集团公司和一些具有经济管理职能的政府部门。按照规定，广州开发区对参与招商引资的有关公司和中介人（公务员除外）颁发招商引资奖励。对有关公司发放的招商引资奖励分为两块：一是项目引进奖，每到位1000万美元，奖励2~4万美元；二是招商扶持奖，每到位1000万美元，奖励100万元人民币。由于招商业绩好，许多直属集团公司所获得的招商奖励比主营收入还要多，这反过来激励公司进一步加强招商引资工作，从而形成良性循环。

在“二陪”阶段，广州开发区的企业筹建工作可谓是“关心备至、雷厉风行”。为了完成所谓的“1—2—3”工程（平均每个工作日新批准一个项目，每两个工作日新开工一个项目，每三个工作日投试产一个项目），广州开发区管委会建立了集中16个相关部门的“一站式”投资服务大厅，印制了企业筹建办事指南，公布“即时办”或“限时办”的所有事项；推行了企业筹建的工作责任制，其中局级和区级干部每年分别联系2家和5家企业；对于某些重点企业直接派出驻厂代表，负责提供咨询、联络和协调等服务。同时，广州开发区还学习借鉴跨国公司的先进管理经验，推广办公自动化和ISO9001质量管理体系等，使机关办事效率进一步提高、办事程序进一步规范。

（2）各个阶段特点

在“三陪”阶段，广州开发区长期致力于建立一个完整、协调、高效的企业服务平台。这个平台主要具有以下特点：

a. 法规体系完备严格。广州开发区已基本形成了层次分明、覆盖全面的法规体系，保证了经济运行的各个方面和环节都有法可依、有章可循；在严格执法，依法办事方面，建立了行政执法责任制、过错追究、行政复议等相关制度，强化对执法机构的监督约束；

b. 信用体系完善有效。广州开发区成立了“知识产权局”和“外资企业维权中心”，建立了知识产权办公联席会议制度，对侵犯知识产权行为保持高压态势，对影响企业生产经营的事件及时处理，维护了开发区经济可持续发展的信用体系；

c. 市场开拓积极有力。广州开发区建立了外资基金，制定了出口奖励和增产创收奖励等多项政策，鼓励企业多生产、多销售，对重点出口大户上门服务，重点鼓励；举办南方国际车展，组织企业参加各种形式的产品展销会、博览会；建立了种类齐全的中介机构，形成了较为完善配套的要素市场；开发区借助毗邻黄埔新港、新沙港，拥有保税区、出口加工区等特殊功能区的优势，规划物流产业发展，建成不同类型的物流基地等，为企业发展搭建了必不可少的市场平台；

d. 行政审批简洁高效。2002年年底，广州开发区推行了行政审批制度改革，使其行政审批工作初步实现了“项目最少、环节最简、效率最高”；取消了绝大部分行政事业性收费，降低了企业的经营成本；

e. 区域规划科学环保。广州开发区提出了“整合资源、优化功能、合理布局、协调发展”的规划原则，突出强调“以人为本”的规划思想，大力促使城乡一体化协调发展。

4）经验启示

（1）行政权力相对集中，保证规划有效实施

从机构调整的历史变迁中可以看出，广州开发区的行政职权是相对集中的，不因合并一个功能区或开发一块"飞地"而有所分散，从而保持了管理体制的统一、高效。例如，规划国土建设局所属的土地开发建设中心代表开发区管委会统一行使土地开发过程中的几乎所有职能，如征地、收地、拆迁、复建、安置；所征土地的填土、炸石、平整；市政道路桥涵、各类管网、景观与绿化等基础设施建设。

（2）服务模式最大提高企园区效益

为企业提供"三陪"服务的"夜总会"服务模式，正是这种全过程、全方位的"三陪"服务模式，使广州开发区对国内外投资者产生了强烈的"蚂蚁效应"，广州开发区长期致力于建立一个完整、协调、高效的企业服务平台，最大程度提高企园区整体效益。

4.2.3 上海漕河泾开发区管理体制

漕河泾开发区全称上海漕河泾新兴技术开发区，是中国面积较小的国家级开发区，也是公司开发模式的成功典型。闵行经济技术开发区、虹桥经济技术开发区都属于这种类型的成功案例。

1）发展历史回顾

1984年年初，上海市委、市政府为加快新兴技术产业的形成和发展，以发展微电子技术为突破口，决定在漕河泾地区建立微电子工业园。1988年6月，国务院批准其为国家级经济技术开发区。开发区位于上海市区的西南部，总规划面积5.984平方公里，其周围是教育科研机构的稠密区。发展高技术产业是该区的主攻方向。

2）管理体制分析

（1）管理体制

1988年7月，上海市人民政府决定将上海市漕河泾微电子工业区开发公司更名为上海市漕河泾新兴技术开发发展总公司，公司注册资金1亿元人民币。公司下属企业包括创业中心、新和物业公司、西区公司、新谷酒店管理公司等全资实体公司，西区发展有限公司等控股公司，以及上海新兴技术开发区联合发展有限公司等参股公司。

开发区发展总公司统一负责开发区的基础建设、资金筹集和运用、土地开发和土地使用权转让、房产经营、投资环境，吸引国内外资金和先进技术、创办企业，促进技术、产品贸易及综合业务发展，是一种企业化的管理模式；

另一方面，虽然开发区由总公司进行管理，但市政府仍然赋予其较强的体制和职能，包括党委建制、行政级别、项目审批等经济管理权力和必要的特许经营开发职能等。这些职能的赋予，使开发区总公司具有很多政府色彩，这在当时的开发建设背景下是很重要的。行政职能的赋予，提高了办事效率，减少了协调工作量。高级别待遇，对公司进行高层次的交流和及时获取党政信息也是必需的。但相比国内其他开发区的管委会，开发区总公司的行政色彩弱化了许多，随着开发区日益成熟，政府职能进一步转化，公司行为也逐步得到了规范。

开发区总公司初期背负了沉重的债务，但是政府把后期入区企业的税收转移支付给开发区总公司，这样就通过政府干预使得总公司的付出得到了回报。

开发区有《上海市经济技术开发区条例》、《上海市漕河泾新兴技术开发区暂行条例》，将开发区的地位和职能进行了法律上的规范。

（2）政策安排

开发区享受国家级经济技术开发区的通行政策，包括中央财政将开发区新增税收全部返还开发区所在地政府，用于开发区建设和发展。对外商生产型企业的所得税实行优惠，并可以自行审批3000万美元以下的项目。

（3）载体建设

开发区初期的土地，是市政府划拨的。设立国家级开发区后确定了近6平方公里的总体规划。土地开发，首先靠借贷开发，取得收入后滚动发展。在开发基础设施方面，虽然市财政通过多种形式进行部分补偿，但总公司在发展的初期，的确遇到了基础设施和厂房载体建设投入大、回收期长的困难。

漕河泾具备良好的区位优势，但是开发区总体规模小，所以总公司向土地集约利用方向发展。漕河泾开发区基础设施配套水平单项评价与其在国内开发区综合评价中的地位不相称，水平相对较低，这与开发总公司可支配财力有关。

（4）招商与服务

因为开发区的公司运作模式，所以其区域管理和服务业是公司化的，如将入区企业的服务分为售前、售中和售后服务。售前服务主要提供的是咨询代理服务，包括介绍合资公司涉外咨询代理情况、服务范围、收费情况、联系方式等。售中服务是关于“企业申办”的一系列服务，包括介绍项目审批办公室情况、联系方式、外商投资企业申办程序等。售后服务是对进区企业实行“属地化管理”，为之解决增资、经营范围变更、股权变更等生产经营问题，以及为进区企业协调解决生产经营、员工生活等问题。

在招商方面，总公司设立了招商中心，为投资者提供从申报项目建议书到领取企业批准书的全过程代理服务。开发区设立了创业中心，已经成功培育出科技企业140多家。

3）经验启示

（1）政府大力扶持开发区运作公司

漕河泾开发区属于典型的公司运作型开发区，企业为开发区提供基础设施建设。企业的运作必然要形成市场机制下的自负盈亏，收益必然是在开发达到一定程度上才产生的，所以总公司能够持续顺利的经营，政府提供了很大的帮助。通过政府的补贴达到让企业去提供公共产品的目的，解决公共产品外部性造成的问题。

（2）开发公司具有行政级别减少交易成本

漕河泾开发区的开发公司具有行政级别，这样开发公司在开发过程中也可以靠自己的级别来减少和其他政府协调的交易成本。如果开发总公司不具有行政级别，那么很可能在一些情况下，开发区的发展建设不会如此顺利。

4.2.4 天津经济开发区——滨海新区

1）基本概况

天津经济技术开发区是目前中国开发区中规模最大的一个。由于其发展速度快、体量大，也由于其招商引资成功，服务环境到位，天津经济技术开发区成为中国开发区的代表。在天津经济地位相对下降的背景下，天津经济技术开发区在全国更显得成绩突出。国内同行普遍把天津经济技术开发区作为实际工作的参照尺度。其发展过程中一系列创新和经验，成为其他开发区学习借鉴的榜样，其教训也为其他开发区少走弯路提供了前车之鉴。

天津经济技术开发区于1984年12月6日经国务院批准建立，是首批国家级开发区之一。“泰达”是其英文名称缩写的音译，也是其足球队和股份公司上市的名称，为国民熟知。开发区位于天津市东60公里，紧邻塘沽区，总规划面积33平方公里。此外，还分别在天津武清县、西青区和汉沽区建设管理了逸仙科学工业园、微电子工业区和化学工业区等三个区外子园区。

2）管理体制分析

（1）体制框架

天津开发区设中国共产党工作委员会（初期是临时党委，1987年设立工委）、开发区管理委员会和开发区投资开发总公司。三个机构都在同年设立。三个机构都有“级别”，为厅局级建制。机构的领导人都由天津市委调配，管委会和总公司的主要领导，一般都是党工委委员。在区域建立初期和中期是“三块牌子，一套人马”。后期，总公司的独立性逐渐提高，但仍然是国有独资公司。办公会大多以“联席会”的形式召开。总公司的总经理一般是管委会的主任（或副主任）。开发区管理体制自1984年设区以来，虽然一直处于发展变化之中，但基本框架保持了稳定。管委会职能逐渐增加，总公司逐渐向市场化发展。虽然设立了滨海新区管委会，开发区这一体制框架仍然在运行中。

开发区设立后的次年7月，天津市第十届人大常委会第二十一次会议审议并通过《天津经济技术开发区管理条例》、《天津经济技术开发区企业登记管理条例》、《天津经济技术开发区劳动管理规定》及《天津经济技术开发区土地管理规定》。这四个地方性法律法规，特别是第一个，确立了开发区管理机构的权限和地位，在法律上赋予天津开发区省级经济管制权。随着开发区的扩大，该《条例》多次修改，管委会职能也随之增加。

（2）建设开发模式

天津开发区的开发建设模式，是典型的借贷滚动和财政资金捆绑模式。总公司（加上后来财政收入形成后的管委会）是开发建设的主体。1985~1988年，与管委会同时成立的总公司开始了艰苦创业的历程。总公司以“开发一片、建成一片、收益一片”的建设思想，凭借国家借贷的3.7亿元资金，初步完成了3平方公里的起步工业区和1.2平方公里的生活区建设，实现了开发区起步，形成了“借贷开发”模式。随着入区企业建成投产，形成税收，管委会利用国务院给予开发区的财政返还政策，将财政资金拨付总公司用于市政基础设施建设和土地征用开发。1989~1992年，总公司将土地费收入和财政收入两部分资金捆绑使用，用于区内土地开发和基础设施建设，完成投资6.3亿元，开发土地4.4平方公里，实现了“滚动开发、良性循环”的设想。

（3）政策安排

开发区享受国家级经济技术开发区的通行政策。主要是两条：一是中央财政将开发区新增税收全部返还天津市，用于开发区建设和发展。二是对外商生产型企业的所得税实行优惠。其中第一条的意义较大。天津开发区享受了两个“五年期的全额返还”和“三年期的递减返还”。

（4）招商与服务

天津开发区是典型的载体性开发区，所以，项目是开发区的生命。招商引资是开发区工作的重中之重。从开发区“经营”的角度讲，招商活动即区域载体推广的过程。

招商的成功，最基本的要求是有性能价格比令企业满意的园区载体“产品”。但开发区在项目投资市场推广中的复杂性很大，招商的成功，在很大程度上取决于项目在投资地的低交易成本。这种低交易成本的体现，是交易速度的节约，开发区服务就体现在此。投资密度越高，技术含量越高，投资主体对交易速度的要求越苛刻。以摩托罗拉公司为例，在经过小型项目的试验后，大规模投资推进速度极快。1992 年，第一期投资 1.2 亿美元，注册成立摩托罗拉（中国）电子有限公司，成为当时中国最大的独资企业。天津开发区全力以赴促成此项目，争取天津市和中央有关部门大力支持。这一大型外商独资项目的前期设立程序，在当时是极为复杂的。管委会成立专门工作组负责盯审批，协调地方政府及中央政府外资、计划、产业等部门，所有审批手续在 14 天之内全部完成，创下了轰动一时的“奇迹”。公司设立后，为满足其生产基地落成前的临时生产要求，开发区提供了通用标准厂房为其生产，三个月就创造产值 500 万美元。次年一期厂房竣工投入使用后，产值骤升到 8.2 亿美元，在天津开发区所有工业企业中独占鳌头。可以想象一个大型高技术工业项目的成功运行，涉及立项审批、工商注册、税务登记、进出口的海关手续；涉及基础设施和市政源的协调、基地建设过程中的规划审查、土地交易、环保控制、工程施工程序、设备安装调试、竣工验收等等；也涉及企业用工、产品的市场准入手续等。任何一个关节出问题，企业就不会快速发展。摩托罗拉的高速度，在天津开发区是较普通的情况。“亲商”服务文化和“一站式”服务方式标准化，使服务环节减少，时间缩短，并逐渐制度化。企业得到的服务好，发展快，就为进一步增资打下了基础，这就是所谓的“以商引商”。

除了机构设置、政策安排、法律法规之外，服务文化也是体制的重要组成部分。前者是较显性或硬性的体制要素，后者是较隐性或软性的体制要素。开发区的服务文化，如“项目是生命”、“开发区速度”、“亲商”等等，在建区初期就已经深入人心，并逐渐从口号转化为理念。大量服务文化方面的内容，会随着时间的推移和认识的深入，逐渐程序化和政策化，实现从软到硬的转换，开发区的服务承诺制就是一个具体体现。中央政府对天津开发区的财政支持于 1998 年结束。2001 年，天津市设立了以开发区为主体，包括天津保税区、港区、海洋高新区和塘沽区在内的天津滨海新区。开发区体制开始复杂化，社会职能逐渐增加，发展速度也相对降低。尽管如此，天津开发区仍然在一定意义上是中国开发区的一面旗帜。天津开发区下一步的发展方向，成为中国开发区同行们普遍关注的问题。

3）滨海新区模式创新

滨海新区变“先行先试”为“敢行敢试”，使新区的发展方式发生深刻转变：在发展模式上由总量扩张的“速度型”向产业提升、结构优化的“质量型”转变；在发展路径上由大项目、大产业集聚向大生产网络、大市场网络的构建转变；

在发展驱动上由要素投入向要素效率上转变。通过学习考察，我们认为滨海新区在体制突破创新、园区平台建设等方面的先进经验和做法值得揭阳借鉴。

体制突破创新，实现开发区管理体制变革。天津滨海新区作为国家批复的国家级综合配套改革试验区，改革从一开始就引发广泛关注，并被寄望于对我国一大批成熟的、已经站在体制变革十字路口的开发区和功能区的管理体制变革提供借鉴。推进行政管理体制改革，重点是以建立统一、协调、精简、高效、廉洁的管理体制为目标，针对滨海新区面积较大的实际情况，分阶段建立健全富有新区特点的管理体制。现阶段，主要是加强新区管委会在制定发展规划、统筹产业布局、推动基础设施建设、协调处理重大问题等方面的组织领导职能，延伸经济功能区的开发建设功能，延伸行政区的社会管理和公共服务职能，建立有利于发挥新区整体优势和共同发展的管理制度。一是建立统一的行政架构；二是构建精简高效的管理机构；三是组建两类区委、区政府的派出机构。一类是城区管理机构，主要行使社会管理职能，保留经济管理职能；一类是功能区管理机构，成立 9 个功能区党组和管委会，主要行使经济发展职能。这也是体制创新中最大的亮点，天津滨海新区将原来的开发区、保税区、港口区等 6 个区合为一个，打破了以前各自为政的格局，实行统一户籍制度、就业制度、医疗制度、社会保障制度等，统一投融资政策、税收优惠政策、土地使用政策等，9 个功能区没有负责区内行政问题和民政问题的职能，主要精力用于促进经济发展，同时保持了机构的高度精简，形成了低成本、高效率的管理体制。

园区建设支撑，设立平台公司完善投融资管理。滨海新区在开发建设中，创新出了“指挥部 + 管委会 + 平台公司”的管理模式，推动了新区高速建设，这对揭阳很有启发和借鉴作用。

如中新生态城在开发建设模式上，坚持“政府引导、政企分开、企业主体、市场行为”的原则，组建了中方投资公司和中新合资公司等投融资平台公司，作为开发建设主体。投资公司、合资公司与管委会之间不存在产权关系，突破了国内其他开发区域管委会参股或控股国有企业进行开发的模式，确保了开发建设按照市场化的方式进行。

如东丽区组建城市基础设施投资公司等平台公司，实行独立运作并向集团化发展，实施投融资体制的重大改革与创新，是承担全区城市基础设施投资建设和运营的区有专业化集团公司。包括根据城市总体规划和城市建设发展需要，发挥城市基础设施投融资平台的作用；负责城市基础设施资源的整合利用及相关经营性项目的投资、建设和运营管理；实现多元化投资，实施城市基础设施建设；运用政府授权开展特许经营，经营城建资产。以市场化运作的方式加大城市基础设施资源的整合利用力度，实现城市建设的多元化投资和社会融资，构建发展资金集约化、内部资源整合化、融资方式市场化、管理程序标准化的投融资机制，促进城建产业发展，推进全区的城市化进程，以体制创新促进投融资平台建设。此外，滨海新区不断推进金融改革创新，扩大直接融资，增强金融企业综合服务功能，积极推进外汇管理体制改革，建立与完善的社会主义市场经济体系相适应的金融体制，更好地促进经济增长方式转变，建立完善的新区建设投融资管理体系。

4）经验启示

（1）高强度的体制设置

天津开发区体制的设置强度很高。表现为高层次、高授权、高自由度。高层次是开发区管理机构的地厅级设置，其领导人地位甚至高于城市所辖区县的领导人。这对初期一片盐碱滩涂的只有几个平方公里起步区来说，反差极大。开发区的工作性质是管理当局直接插手基层一线，招商、建设和服务，都是直接面对企业。这种层级设置，与同层级一般行政区区域比较，工作力度自然很大。这对协调一线矛盾，屏蔽外部环境干扰，获取政府高层信息等，都有直接的帮助。

高授权则是把天津直辖市的经济事务管制权授予开发区，使开发区管理当局的工作力度大大超过其他区域。例如，3000 万美元项目，从立项审批、规划建设、土地处置等，都能在区内完成。相比其他区域则只有 100 万美元级的立项权，而规划和建设等大量手续则要到市政府机构办理。所以，开发区设立企业的程序大大简化，节约了交易时间，并减少了协调信息的流量。

高自由度则表现为开发区管理当局既可以在高授权之内，调配人员、财力、土地，并制定相关法规和区域政策，又可以在宏观政策和部门及地方规章出现矛盾时，利用国家级开发区特殊地位，自行创立规则，游走于宏观体制转轨时期的矛盾之间，“杀出一条血路”，为体制外循环创造了条件。

（2）管理体制的早到位

早到位即早期体制设计到位，指开发区体制框架的设计，在区域选址之前就已经确立了。1984 年 7 月，天津市委常委会研究确立了开发区管理体制，当时包括李瑞环、李岚清等同志在内的市领导审定了开发区体制方案。这为开发区建设和招商的早期启动以及后期的规范发展，奠定了体制基础。

（3）党政企合一“指挥部 + 管委会 + 平台公司”的管理模式

开发区的主要工作是载体的规划开发、招商、企业服务。在当时情况下，党政企任何单一组织的职能都无法胜任上述工作。党委（工委）的设立为重大决策和管理干部的配备，提供了速度保障；市政府职能的代表管委会在指令性宏观环境之外，开辟了一块服务的“绿洲”；总公司在开发经营方面，为园区发展奠定了硬件基础。同时，管委会与总公司职能互为补充，极大地提高了办事效率。在中央财政返还的支持下，公共财政保证了市场失灵时园区公共产品供给。在高速度的前提下，体制组织安排上同时明确不设制约型组织，如人大等。

（4）明确的职能定位

开发区的任务是建设环境、承载企业，天津开发区就是一个典型：开发区管理当局的工作是招商、园区建设、环境维持，不干预企业运行。经济增长的直接贡献者是入区企业，这与主体型的园区大不相同。特别是一批国际著名跨国公司主体，给开发区管理当局带来了最新的管理、技术、理念和文化冲击。

天津开发区的体制设计，在中国开发区中最具有普遍意义。除了上海的几个开发区之外，全国第一批开发区普遍采用了这种体制。后来的开发区，也都拷贝了这一安排。如北京经济技术开发区与其形似克隆。在体制设计中，有些开发区进行了微调，如总公司建制的安排。大连、烟台、广州等经济技术开发区，设立了若干总公司，但其与管委会的关系及其公共产品生产的性质，没有改变。土地收入加财政的捆绑机制也没有改变。

（5）滨海新区体制突破创新和投融资平台公司建设

滨海新区变“先行先试”为“敢行敢试”，使新区的发展方式发生深刻转变，通过学习考察，我们认为滨海新区在体制突破创新、园区平台建设等方面的先进经验和做法值得借鉴。滨海新区在开发建设中，构建园区建设支撑，设立平台公司完善投融资管理，创新出了“指挥部＋管委会＋平台公司”的管理模式，推动了新区高速建设，这对揭阳空港经济区很有启发和借鉴作用。

4.3 国内外开发区（空港经济区）案例借鉴与启示

空港经济区（空港城）作为一种城市化发展的模式已有相当长的历史，特别是在欧美一些发达国家的大型机场周围地区，长期以来在机场发展的带动下，产业和经济的城市化发展达到了很高的程度。其机场规划建设已做了许多探索，如临空工业区从制造业开始，发展到服务业、软件业、高科技产业，以及学术研究、会议商务、疗养娱乐等等，设施种类越来越多，层次越来越高。另一方面“空港城”作为一种概念，还只是近几年的事。而在揭阳空港经济区建设之初就把其周围地区作为一个整体来分析研究，进行一体化规划和管理实施体制设计，在我国乃至世界范围内也还只有为数不多的几例，因此，空港经济理论的研究和科学合理的管理实施体制肯定能为揭阳空港经济区未来发展奠定坚实的基础。

4.3.1 认识论层面的几点启示

综观国内外空港经济的发展，得出以下几点启示：

1）发展空港经济是产业优化升级的有效途径

空港经济是一个国家或地区工业化加速发展的产物。自20世纪90年代起，以现代化大型国际枢纽机场为核心的空港经济的竞争取代了以公路、铁路为中心组织经济的竞争方式，正成为全球经济竞争中新的制高点。美国、德国、法国、荷兰等国家都通过发展空港经济，最终形成了拉动区域经济发展的现代空港产业。这些具有高科技时代特征的高端产业，在发展现代产业体系，提升产业和区域竞争力中发挥了重要作用，也使发达国家和地区继续引领全球经济发展。国外经验表明，空港经济是经济转型和产业升级的重要途径，发展空港经济对推动区域经济发展和产业调整优化升级都具有重要的促进作用。

2）发挥政府主导作用是发展空港经济的根本保证

发展空港经济涉及较多的利益主体，体制问题比较复杂，单靠企业和社会去推动很难得到解决，因此必须要发挥政府的主导作用，做到统一规划、统一协调。从国外发展经验来看，政府的规划、协调和扶持无不体现在空港建设、产业园区建设、自由贸易区建设、交通网络建设等各个方面，通过政府层面的推动，有力促进了空港经济的发展。

3）进行空港地区高效管理和综合开发是发展空港经济的必要手段

发挥空港的带动效应和门户枢纽作用，必须考虑机场地区的综合开发。机场地区综合开发可以归纳为下面几点：

（1）机场地区的综合开发要求打破过去只管飞机起降的概念，要建立起“现代机场是一个综合经济开发区，是一个经济实体”的概念。需要做好各项设施的经营开发，提高综合效益。

（2）机场地区综合开发要求政府应该有一个机场及其周边地区的长远发展规划，杜绝混乱开发、盲目建设。规划不应只是简单的土地利用规定，也不只是一个远景描述，它应是一个发展过程的详细规划和实施方针。

（3）机场地区综合开发还要求机场提供一个高层次、长辐射、多功能的设施群。该设施群可多层次、多地域地来规划、建设。

（4）机场地区作为人、财、物、信息之集散节点，在城市社会、经济生活中的地位变得非常重要，该地区对城市的发展有强烈的辐射作用，必将成为城市发展新的增长点。该地区的综合开发还是优化城市社会、经济结构和调整城市空间结构的绝好机会。

4）建立合理的空港地区管理发展效果评价标准

对建设一个新机场、改造一个旧机场或建设一个主要交通枢纽进行策划和管理，需要建立评价标准来衡量什么样的土地利用设计可以最大限度发展空港应有的潜力，配合所在城市的可持续发展。通过比较国内外建设经验，笔者认为应该从以下四个基本方面构成定位这样一个地区发展的效果评价标准。

（1）各种运输方式的可达性及其配合，这是评价的基础

空港辐射带动力的强弱很大程度取决于空港与周边地区的交通联接条件，只有具备了各种便捷的换乘方式，才能更好地发挥空港的功能和作用。首先，机场的可达性主要体现在将大地域范围甚至全球的城市连接程度的提高，而如果该机场有高速铁路连接，则与中等距离上（200~500 公里）的其他城市的联系得到加强，加之一般新建和改建的机场都有较之同个城市其他方向上更畅顺的地铁（城际轨道交通）或者其他各类的陆路连接，使得机场地区成为一个少有的多层次高可达性的地点。另一方面，如果高铁车站直接与机场相连，二者构成互补关系：高铁成为机场的一个重要集散方式，特别是它连接不止一个城市；而使用机场的航空公司为高铁系统带来主要的客源。当高铁连接其他机场时，甚至可以成为这个机场处理紧急关闭情况下的乘客临时输送工具。在此基础上，高铁与其他运输方式在同个站衔接和换乘而形成枢纽，它既是高铁系统的集散口，又是其他运输方式和线路如地铁线路之间、地铁与巴士之间、市区铁路、城际铁路之间以及机场与其他运输方式间的一个综合交汇站。这种多重功能的枢纽给附近地区发展带来很多变化和可能性，因为这样一个复杂的枢纽带出了两个关键的多样化，第一是旅客（乘客）的多样化，第二是附近土地使用可能性的多样化。因此，促进空港经济的发展，不能只注重产业规划，还要做好交通规划，必须在当地交通规划建设中突出空港的枢纽地位，做到空港与铁路、空港与公路、空港与海港的有机衔接，为空港经济的发展打下坚实基础。

（2）经济发展潜力的发挥与区域间的平衡发展

机场等交通枢纽周边地区通过时空转换[1]对整个城市或者区域产生影响。该影响的过程如下图 4–4 显示了两个基本过程，一是连接机场枢纽与高速铁

1 时空转换，是指由于机场枢纽和高铁站提供更高的可达性和连接程度，使得距离被“压缩”。一方面有人在出行时间上得到节约（同样距离用少的时间），从而将节省的时间用在其他事情上；另一方面，有人可以将原来打算用来出行的时间达到更大范围或者更远的点，从而可以采用与以往同样的时间到达更多不同的地点，做相同或者不同的事情。

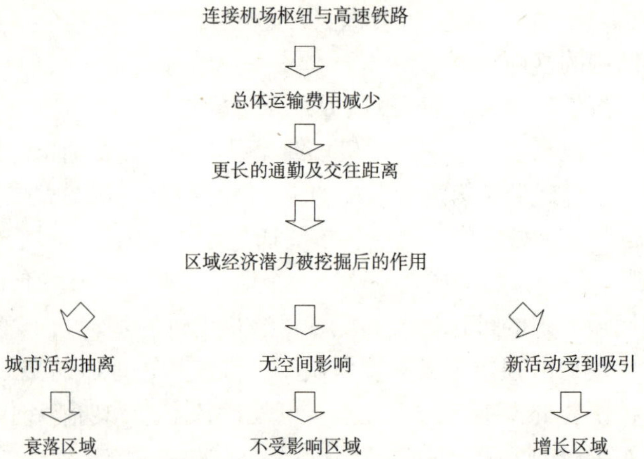

图 4-4　机场枢纽与高速铁路发展对于所在城市的影响

路是如何造成发展潜力的，另一个是一旦这个区域潜力得以发挥，它对于现有区域的三种不同影响：正面、负面和中性。我们无法准确判断和衡量枢纽站所在地区形成吸引力，是否是“净增长”。具体情况需要具体分析，因为这与该城市经济发展阶段等情况有关。一般而言，枢纽会极化城市活动的空间分布。由于枢纽所改善的可达性和形象，其所在地区会由于该空港或车站的使用而带来社会经济活动的聚集。该空港或车站如果是多方式的区域枢纽，将更可能造成新的区域商业活动迁入，成为本城市甚至本地区的一个重要的引力中心。除非这些活动的出现是直接伴随着整个城市地区经济的增长而出现，否则，很有可能是由于本城市或本地区其他地点经济或者商业活动的转移，从而造成一种此起彼落的状况。这样，该城市在这里的基础设施投入就至少有一部分成了零和游戏。

机场枢纽与高铁站带来的聚集和转移效应与其本身的规模、在区域中的作用、附近可开发土地的数量都有密切关系。而由于每个城市、每个机场、每个车站的情况不同，对这种效应的估计很难精确。但如果政府把“和谐城市”作为总体目标，需要充分估计机场、高铁车站对于城市整体社会经济活动造成的调整有一个客观而有远见的估计。这种估计和评价包含了对于向该地区转移的商业活动对于其他地区的负面影响，而这个“其他地区”很有可能是现有的、正在成长中的类似地区。

（3）寻求交通节点价值与城市功能价值的平衡

航空港作为地区重要的交通枢纽，其与周边地区发展之间的作用关系如何，对于交通枢纽价值的理解，将利于理顺二者的关系。交通枢纽价值可以从交通价值（transport value）和功能价值（functional value）[1] 两个方面来加以理解。对于一个枢纽地区来说，要分析是交通价值大还是功能价值大，根据两者的价值比较来分辨是哪种类型的枢纽。主流的观点是两者之间应该取得平衡，因为如果一个场所有很强的可达性，它将吸引商业、住宅和其他设施；同样一个具有高功能价值的地区间产生大量的交通，同样也促进交通功能的发展。

（4）适当的体制与整体组织能力

这是一个关于实际操作的方面。机场枢纽及附近的相关特定发展地区如何融入整个城市的建设与发展是个大工程。这个工程的成败很大程度上取决于所有利益相关方面（stake-holder）如何合作。由于不同功能产生不同的客源,所涉及的相关机构和企业等就可能受到不同的影响[2]。此时如果空港和所涉及的潜力区域都由单一级别政府负责经营和管理，情况较易解决。若有多级政府参与，甚至有航空公司、铁路公司参股的话，情况则变得复杂，但组织的好，定位可能更准确，效果更好。另一个更常见的问题是在空间发展方向上和机场的实际使用上也出现了越来越多的跨行政区界的情况。在这个方面，可能有不同的体制，形成不同的管治。但理论上和实践中都不能说哪个最好，更大机会是做一种带倾向的取舍。这个取舍的关键，也就是作为定位发展的标准，是何种所有权关系和管治体系可以最恰当地配合前面三个方面。

因此，上述四个方面是互相关联的。第一方面是功能关系，它涉及枢纽服务的对象、功能与附近特定开发地区的关系。究竟是这个特定地区是设计来配合枢纽，还是枢纽造就了一个特定需求？如果是后者，该枢纽的乘客群特征就是定位的核心问题。第二个方面涉及城市甚至区域范围的正负面影响。第三方面是本地区建设的和谐平衡发展问题，也就是交通节点价值与城市功能价值的平衡。最后一个方面是相应的投资、管理、管治的体系是否可以保证前几个方面的关系都可以得到妥善的处理。

由于筹划中的揭阳空港经济区不仅仅是一个机场枢纽，更紧邻高铁，是一个以机场枢纽与高铁为主,配合各种其他方式的特殊情况。为配合这个特点，规划需要探讨有高速铁路连接的机场枢纽地区如何在附近“尚存空间”发展相关经济活动并演变出各式各样的空港经济区。

---

1 所谓交通价值指交通枢纽作为重要的交通设施所反映出来的交通功能与设施属性；而功能价值本身更偏重于枢纽作为城市功能发展的催化剂，对于城市功能的促进与开发。

2 例如，某些机场及高铁站附近的空间，是更多地分配给空港相关的业务，还是更多地放在房地产开发上，就是典型的利益分配问题。

4.3.2 实践经验与借鉴运用

揭阳空港经济区管理与实施体制的发展，必须充分借鉴国内外已有开发区、空港经济区发展的先进经验，同时也要吸取它们发展过程中的教训，尽量避免走弯路，充分利用后发优势，实现揭阳空港经济区的和谐健康发展。总结得出以下几个方面的问题，应当在规划研究和管理实施方案制定中予以重视：

1）国外经验借鉴

新加坡裕廊经验证明，全盘考虑的经营理念，对园区开发者而言，园区是一系列活动的过程，包含规划、开发、推广、维护、服务、改造等。高效率的机构设置和交易机制，新加坡开发区成功关键之一是中央和地方合一的单一层次政府以及交易速度快。速度在很大意义上决定了交易成本。园区开发者掌握专营权，直至今天裕廊镇管理局还控制着工业用地、科技园区和商业园区的供给权。这些成功经验很多已经运用到苏州和天津等先进工业园管理实施过程并有所创新。

美国硅谷的成功经验是一个开发区究竟采取哪种经营模式，应该是根据本身的发展状况、发展阶段来确定的。硅谷的确是市场化的经营典范，然而在硅谷建设之初离不开政府对开发区的基础建设、土地划拨的支持，包括政府建立游戏规则，对园区的发展实行合理指导，如加强基础研究和教育投入、为企业提供良好的法律法规环境等。

柏林经验告诉我们，通过采取共同的行动来实施区域协调发展可以达到双赢的局面，行政关系互不隶属的区域协作发展前景广阔。

2）国内经验借鉴

苏州工业园经验：体制设计具有较强的行政职能，保证了工作的落实，园区在机构层次、管制授权、政策安排等方面都较强，保证了开发区招商、建设、服务过程中的交易速度。积极的学习经验，他为我用，保证了建设速度，体现公平，开发区体制基本上是一种效率体制，即在体制上不遗余力地解决速度问题。在园区的开发建设方面，借鉴“基础设施先行”的裕廊做法，把投资项目市场的竞争放在第一位，迅速提高经济总量，反过来快速增加税收和土地收入，解决了“滚动”与“超前”的矛盾。

广州经验：广州“大管委”的管理模式，行政权力相对集中，保证规划有效实施，从机构调整的历史变迁中可以看出，广州开发区的行政职权是相对集中的，不因合并一个功能区或开发一块“飞地”而有所分散，从而保持了管理体制的统一、高效。服务模式最大提高园区效益，广州开发区为企业提供“三陪”服务的“夜总会”服务模式，长期致力于建立一个完整、协调、高效的企业服务平台，最大程度提高企园区整体效益。

上海经验：政府的大力扶持开发区运作公司，漕河泾开发区属于典型的公司运作型开发区，企业为开发区提供基础设施建设。通过政府的补贴达到让企业去提供公共产品的目的，解决公共产品外部性造成的问题，且开发公司具有行政级别减少交易成本。

天津经验：天津开发区体制的设置强度很高，表现为高层次、高授权、高自由度。管理体制的早到位，开发区体制框架的设计，在区域选址之前就已经确立了。天津开发区实行党政企合一的管理模式，开发区的主要工作是载体的规划开发、招商、企业服务，管委会与总公司职能互为补充，极大地提高了办事效率。

近年来，滨海新区纳入天津开发区，变“先行先试”为“敢行敢试”，使新区的发展方式发生深刻转变，滨海新区在开发建设中，构建园区建设支撑，设立平台公司完善投融资管理，创造了“指挥部+管委会+平台公司”的管理模式，推动了新区高速建设，这对揭阳空港经济区具有很大启发和借鉴作用。

天津开发区的体制设计，在中国开发区中最具有普遍意义。除了上海的几个开发区之外，全国第一批开发区普遍采用了这种体制，后来的开发区也都拷贝了这一安排。如北京经济技术开发区与其形似克隆。在体制设计中，有些开发区进行了微调，如总公司建制的安排。大连、烟台、广州等经济技术开发区，设立了若干总公司，但其与管委会的关系及其公共产品生产的性质没有改变；土地收入加财政的捆绑机制也没有改变。“不断创新，不断适时调整管理体制”和“平台公司推动开发区实施”是开发区管理实施体制最关键的经验。

当然，利用空港探讨机场与地方的合作及区域间协作的新模式也是空港经济区管理很重要任务，临空经济区所在的地方政府要与机场协商，确定共同的协调发展模式。揭阳空港经济区位于潮汕都市区的中心，作为同一文化圈层的三个城市，区域协作是共同的需求，因此，空港经济区为三个城市区域协作提供了很好的契机和工具。国内很多地区也有类似的想法，但都处于探索阶段。成功运作揭阳空港经济区作为三市协作的载体，必将在全国起到很好的示范作用。

5 揭阳空港经济区发展现状及发展目标

5.1 揭阳空港经济区现状及特征分析

5.1.1 揭阳潮汕机场概况

1992年，为贯彻落实广东省加快东西两翼经济发展战略，广东省政府领导主持召开潮汕三市领导会议，研究决定在粤东地区新建一个大型国际机场。1999年3月，国务院、中央军委同意新建潮汕民用机场。2007年9月获国家发展改革委批准建设，2007年10月23日，潮汕民用机场总平面规划通过专家审查，这标志着潮汕民用机场正式进入建设阶段。项目于2008年8月正式开工建设，2011年12月建成通航投入使用。

揭阳潮汕机场选址在揭阳市揭东县砲台镇和登岗镇交界处天鹅山附近，距汕头、潮州、揭阳均为20公里左右，是潮汕三市几何中心。机场主要服务于包括潮汕三市总面积3万多平方公里的粤东地区并辐射到闽南部分地区。机场建设规模为：飞行区按4E级标准规划，占地5.4平方公里。机场工程总投资54亿元，分别由广东省机场管理集团公司、民航中南空管局、南方航空（汕头）公司和华南蓝天航空油料公司投资兴建。首期工程包括候机楼、客机坪及一条2800米长的跑道按4D级标准建设，满足B767型飞机起降的要求设计。预计到2020年，可以完成年客运吞吐量660万人次，其中国际和地区旅客可达130万人次；货运吞吐量13万吨；客机起降6万多架次；高峰小时飞机起降27架次；高峰小时旅客人数达3000人。

5.1.2 揭阳潮汕机场特征分析

在国家机场体系规划中，揭阳潮汕机场为一般干线机场，周边分布有深圳、厦门两个中型枢纽机场和广州大型枢纽机场，这三大机场均在我国排名前10位以内。另外，这个机场密布的地区不仅有广州白云枢纽机场，还分布有全球排名前三十位的香港机场。这些因素决定了揭阳潮汕机场属于地方性起讫点机场，国内方面主要以经广州、北京、上海、香港等国际、区域性换乘枢纽的中转快线运输为主，国外方面以海外潮人集中分布的东南亚为主。

揭阳潮汕机场定位目标：将本机场建设成为国内干线机场，广东省机场集团下的重要支柱型机场，国际著名侨乡潮汕地区的窗口，揭阳市的城市亮点。最终将揭阳潮汕机场建设成为国际国内先进、经济节约、专业科学、地方特色浓郁、优美怡人的山水花园机场。

揭阳潮汕机场被定位为粤东地区的干线国际机场，服务半径为总面积约2万平方公里的汕头、潮州、揭阳、汕尾，同时还可以辐射到梅州，闽南部分地区，服务海内外约3000万人[1]。

综上，揭阳潮汕机场的特征主要可以表现在以下几个方面：

（1）揭阳潮汕机场最大的特征是共建共享型机场及其与厦深高铁潮汕中心站等区域大型基础设施形成未来潮汕新的枢纽地区，战略地位突出。

（2）机场位置位于汕潮揭三市地理中心和未来发展核心区，区位价值明显；揭阳潮汕机场虽然地处揭阳市，但同时为潮汕地区三市服务。因此，揭阳潮汕机场对于协调三个城市发展非常重要。

（3）揭阳潮汕机场是粤东地区的干线国际机场，服务粤东海内外3000万人，服务地域较广人口较多；但是根据机场可行性研究对机场业务量的预测，揭阳潮汕机场建成后，从机场本身规模来看，仅属于中等偏上的水平。

（4）与机场同步规划建设的揭阳空港经济在国内较少，在广东省为首例。规划提前控制，并且指引空港经济区未来建设，发展前景广阔。

5.1.3 揭阳空港经济区现状概况

2006年年底，揭阳市启动空港经济区规划，范围包括揭东县登岗、炮台、地都，协调延伸区范围为揭阳东部地区，包括揭阳试验区渔湖、揭东县城曲溪、云路、玉窖镇。2008年8月完成空港战略成果及论证。2009年，揭东空港三镇纳入揭阳市总体规划中心城区范围。2011年12月，启动新揭阳空港经济区战略规划，新范围包括揭阳经济开发试验区和揭东县登岗、砲台、地都三镇，规划总面积为234平方公里，其中揭阳经济开发试验区44平方公里，登岗镇为35平方公里、砲台镇为54平方公里、地都镇为101平方公里。

揭阳空港经济区位于揭阳城市规划区东部，是潮汕都市区的核心区域，揭阳潮汕机场距离揭阳、潮州和汕头三个市区均在20公里左右，交通便捷。空港经济区地处粤东潮汕平原中部，属典型亚热带海洋性气候，区内有桑浦

1　由于潮汕独特的区位优势和侨乡优势，海内外有近3000万名潮籍侨胞，而因为现有外砂机场的不便，目前往来与潮汕的旅客都通过厦门辗转潮汕地区，每年近200万名旅客分流到厦门、深圳机场。

山和榕江南河、榕江北河、枫江、中离溪等河流，山水格局优良，生态景观资源非常丰富。目前主要对外交通联系有G206、汕梅高速公路和潮汕机场等。空港经济区包括地都、砲台、登岗三镇以及渔湖新区，总人口约为42万人。空港经济区主导产业以传统轻工业为主。其中，地都以石板材为主，炮台以服装、轮胎模具为主，登岗以食品加工为主，渔湖以模具、电器为主。

1）揭阳经济开发试验区现状

揭阳经济开发试验区于1992年8月经广东省人民政府批准设立,2003年，被省政府批准列为揭阳高新技术产业开发区，2004年，揭阳市民营科技工业园也设立在试验区。2005年被市委、市政府定为市区东部新城区，2011年纳入空港经济区，总面积44.22平方公里，下辖渔湖镇和溪南、凤美、京冈三个街道办事处。现有工业企业900多家，规模上企业137家，目前主导产业为塑料模具、新材料包装、新能源（太阳能光伏、LED等）、家用电器等，2003年被省授牌定为“模具和塑料制品特色产业基地”。渔湖地势平坦，水网密集，榕江南北河三面环绕，生态环境非常优良，并拥有揭阳古八景的“双溪明月”、“涵元夕照”等人文、自然景观。

回顾试验区近二十年发展历程，成立初期，试验区位于城区远郊，交通瓶颈突出，至榕东大桥通车前十年产业基本没有发展，与同时设区临近国道的揭东试验区差距不断拉大。2002年对外交通纽带——榕东大桥通车后，2003~2010年，财政收入从2000万元增长到2.4亿元，但是GDP为35.62亿元，占揭阳市GDP的3.5%，远远起不到开发区在城市发展中该有的作用。近几年来，揭阳城市不断向东拓展，试验区未开发产业用地再一次受到关注。2005年，揭阳市经济试验开发区被确定为揭阳市新区，管理委员会的规划权上交，目前，因为受新机场建设的影响，开发区需要重新定位，市政府已经停止了对开发区土地的征用，全面配合空港经济区整理综合开发的部署，但是这样也严重影响了目前开发区的建设，管委会因为缺少强有力的权力支持，许多工作无法开展。

2）登岗镇现状

登岗镇位于揭阳东部，东与潮州的沙溪镇接壤，全镇总面积35.42平方公里，其中山地面积2.55平方公里，水域面积3.69平方公里，耕地面积20.67平方公里。登岗下辖13个行政村，1个居委会。农业主种水稻、甘蔗、蔬菜、水果，盛产塘鱼，是揭东县主要产粮区之一。工业主要有食品、制药等。登岗镇西北面为虎岗山，南面为桑浦山，北临枫江，镇内三条较大的溪流皆为枫江支流，互相交通，水网丰富，生态环境良好。

3）砲台镇现状

砲台全镇总面积54平方公里，其中水域面积5.5平方公里，陆域面积

49.5平方公里。砲台下辖12个居委会。现有工业企业943家，其中规模上企业49家，主导产业为模具、石板、服装毛织、木工家具等，2006年砲台镇被省科技厅认定为“广东省汽车轮胎模具专业镇”。砲台东南部为桑浦山脉，其中的“蟹目山”为最高峰，海拔489米；北部为界于砲台和登岗镇域之间丘陵地带，平均海拔60米；西北边缘濒临榕江、北河、枫江；中部为平原地带，是为潮汕平原的组成部分。全镇地形呈长方形，地势自东北向西南倾斜。

4）地都镇现状

地都镇位于揭阳、汕头、潮州三市交界处，北回归线横穿全境，是揭阳最东部的一个镇。全镇总面积101平方公里，其中陆地86.53平方公里，水域14.5平方公里。地都下辖23个村和1个居委会。农业产业化已具雏形，全镇已形成水稻、蔬菜、水果和水产四大农业生产基地。目前规模上工业企业有41家，2008年地都镇被省科技厅认定为“广东省石材和石材机械专业镇”。地都镇北部为桑浦山，南部为榕江与榕江冲积平原，地势北高南低。

5.1.4 揭阳空港经济区空间现状特征

1）沿河而居的形态，适应水乡地理

经济区位于榕江下游地区，北部临枫江，中部有中离江，内部河涌密布，使经济区内各镇的村镇分布呈现出沿河涌分布的空间特征。

2）经济发展促进城镇沿交通线拓展，城镇空间有指状发展趋势

随着经济的进一步发展，揭东县域对外交通条件的改善，中心城区与辖区城镇联系更加密切，同时周边城市的影响也日益增强，促使经济区内各镇城镇空间结构沿国道（G206）及县道（砲浮路）发展明显。

3）城镇空间初显多点格局

由于受交通和经济、产业发展联系影响，以及地形地貌特征影响，经济区现状城镇空间呈现出多点特征：包括揭阳试验区、登岗镇区、砲台镇区和地都镇区。

综上，城镇空间“带－点”结构明显，现状表现为“三带多点”，即渔湖中路、国道206、县道砲浮路城镇连绵带和独立分布的试验区、登岗、砲台、地都三镇区。总之，空港经济区的发展尚处于外延扩张阶段，基本走以集体土地资源迅速资本化的粗放型发展道路。各镇的空间拓展基本沿扩张阻力最小、扩展成本最低的方向蔓延，并未有较长远的空间发展策略，受外部作用力影响较大。虽然空港经济区已形成基本的空间结构，并表现出一定的结构特征，但带与带之间、点与点之间联系很弱，各片区相对独立。

5.1.5 揭阳空港经济区优势条件分析

1）区位优势——区域经济发展有一定基础

揭阳濒临我国东部沿海、地处广东省东南端，具有沿江临海、内外交汇的独特区位优势。泛珠三角区域合作与发展，使昔日处于经济辐射末端的揭阳转变成为经济战略要地，是广东进入闽赣经济区域的重要交汇地带和对外通商的东大门。同时，也是闽、赣等省进入珠三角的必经之地。

空港经济区位于揭阳市区东部，在潮州、汕头、揭阳三市的地理中心，与三市中心建成区距离都比较近，联系方便。

2）交通优势——交通网络完善便捷

近年来，揭阳交通基础设施建设积极。潮汕民用机场建成后，将形成公路、铁路、水路、民航等多种运输方式相结合、沟通全省和周边省份的综合交通网络。首先，城际交通更加便捷。广梅汕铁路、深汕高速公路、普惠高速公路、揭普高速公路建设将粤东地区与珠江三角洲地区联成一体；其次，出省通道建设得到加强，与周边省份的连接更加紧密。广梅汕、京九、梅坎铁路形成了通往江西、福建的铁路通道，建成了与福建相连接的汕汾高速公路，厦深铁路目前已完成初步设计，且高铁站点也选择在机场附近。这些出省通道的建设对促进泛珠三角区域合作和粤东经济社会发展起到重要的作用。第三，已在着手规划建设的省网四横，从惠州经潮汕民用机场至漳州等公路网络将促进潮汕地区与珠三角、闽西、梅州地区的联系，使得进出潮汕新机场的通道更方便快捷，整体来看，对潮汕民用机场的发展将起到促进作用。

3）资源优势——自然环境优越怡人

揭阳潮汕机场空港经济区位于登岗、砲台、地都三镇，这里除少量的山地外，大多为平原，用地条件好。另外，除砲台镇由于西侧与揭东县城相邻，建设用地扩展受到限制外，其他地区建设用地存量较大。

揭阳倚山濒海，山川毓秀，旅游资源丰富，主要旅游景点有：省级历史文化名城榕城、揭阳学宫、双峰寺、黄歧山风景区，揭东桂竹园、风门古径风景区；惠来金海湾植物园、神泉海角甘泉和海市蜃楼、百花峰、铭湖岩；揭西大洋高山旅游度假区、霖田祖庙、广德庵；普宁培丰宝塔、马嘶岩等。空港地区桑浦山旅游资源丰富，除了风门古径景区，还有金狮观光度假区、吉祥寺、北回归线地理博物馆、翁梅斋墓、双溪明月、苏六娘故居、青屿汛和加州生态观光农庄等。

4）腹地优势——地广人多海外潮汕

揭阳潮汕机场空港经济区的直接经济腹地是汕头、潮州、揭阳 3 市所辖的广大地区，其间接腹地包括汕尾、梅州、闽西南及赣南部分地区。随着厦深铁路的建设，揭阳空港经济区的腹地范围还将扩大和延伸，腹地优势将更加明显。

5）人文侨乡优势——独特悠久的潮汕文化

潮汕地区历史悠久，人杰地灵，素有“海滨邹鲁”之称。潮汕地区人多地少，人口与资源和环境矛盾很大，激烈的竞争环境培养了潮汕人的创造、开拓和冒险精神，不少人外出到海外谋生，形成社会风气，在农业上精耕细作，在手工业上精雕细琢，在商业上更是精打细算，极善经营，闻名海内外，有“中国的犹太人”之称。潮汕地区是我国著名侨乡，海外潮籍的华侨华人有1000多万。侨资侨力资源十分丰富，在东南亚一带尤为集聚。新加坡约有三分之一的国会成员、三分之一的行政部门首长是潮汕籍人士；泰国有70%的财富掌握在华人手中，而华人中又有70%掌握在潮汕人手中，潮汕话是曼谷的通用语言。揭阳现有海内外乡亲近1000多万人，与海外联系密切，不仅有利于引进资金、技术、设备、人才和管理经验，还有利于进一步开拓区域市场，在区域协作中发挥桥梁和纽带作用。

5.2 揭阳空港经济区发展目标定位

5.2.1 揭阳空港经济区发展目标

揭阳空港经济区将建设粤东国际化前沿平台，推动粤东战略地位的提升；将加快汕潮揭一体化，是推动粤东崛起，优化国家和广东区域经济格局的重大战略；将促使揭阳市引领潮汕都市区结构转型，同时也推动自身跨越发展。因此，揭阳空港经济区建设是实现揭阳市跨越、潮汕都市区空间优化以及粤东战略地位提升的重要战略性节点。

2011年12月6日，揭阳市召开全市第五次党代会，会议报告强调：全市各级党组织和全体党员要认真贯彻中央和省委的决策部署，解放思想，改革创新，求真务实，紧紧围绕“打造粤东发展极，建设幸福新揭阳”的核心任务，大力实施“创新驱动、项目带动、文化推动、高端拉动、生态联动”发展战略，着力启动“空港经济、海港经济”两大引擎，努力把揭阳建设成为“重化工业基地、商贸流通之都、人文日新古邑、岭南特色水城、粤东上善新区”，赶超进位，后来居上，奋力开创科学发展新局面。

根据揭阳空港经济区在不同层次的区域中所处的战略地位以及经济区的总体战略要求，结合本地实际情况，将空港经济区未来的发展总目标确定为：揭阳空港经济区是未来潮汕都市区重要的增长极；粤东地区一个最重要的以临空港高新技术型产业为主的综合产业基地和高端产业功能区；具有优美的生态环境、和谐、科学和可持续发展的生态宜居新城。

5.2.2 揭阳空港经济区性质定位

立足揭阳空港经济区的历史责任，结合上位规划和研究指导，提出揭阳空港经济区的发展定位为：广东省重要的空港经济区，广东省参与对台和东盟合作示范区，潮汕都市区一体化先行区。

1）明确空港经济区的区域地位

广东省目前有7个民用机场：广州白云国际机场、深圳宝安国际机场、揭阳潮汕国际机场、珠海三灶机场、湛江机场、梅县机场、佛山机场。揭阳潮汕国际机场定位于国内中型机场，在广东省内是仅次于白云机场和宝安机场的第三大干线机场。揭阳空港经济区应充分发挥潮汕机场对区域经济的带动作用，依托粤东、赣东南和闽西南的广阔腹地和市场，致力建设广东省重要的空港经济区。

2）强调空港经济区作为国际化前沿平台的作用

随着国家和平统一要求，以及东南亚区域经济一体化和中国－东盟自由贸易区建设，广东省提出加快全省经济国际化进程，进一步深化与台湾地区和东盟战略合作。粤东地区作为我国重要的侨乡，有超过1300万潮客华侨分布于中国台湾、香港和东南亚等地区，与中国台湾、东南亚传统经贸往来密切，其中东盟是潮汕三市最大进出口市场，还是广东省距离台湾最近的地区。因此，粤东地区是广东省与台湾地区和东盟战略合作中的重要载体。揭阳空港经济区则将依托潮汕国际机场，积极申请开通对台直航和东盟国家定期航班，进一步发挥国际化前沿平台作用，建设成为广东省参与对台和东盟合作示范区。

3）强调空港经济区对潮汕一体化的推动作用

空港经济区位于潮汕都市区的中心地区，随着机场和高铁的建设，未来潮汕都市区将形成以空港经济区为核心的集航空、高铁、水运、高速公路、城际轻轨等多种运输于一体的立体交通网络。因此，空港经济区将成为推动潮汕一体化的先行区，一方面通过重大交通设施的集聚带动潮汕区域空间结构转型，另一方面通过空港经济区的建设带动汕潮揭三市在空间、交通、产业、生态等多方面对接，进而潮汕都市区一体化。

5.2.3 揭阳空港经济区职能定位

基于现状发展条件和机遇，空港经济区战略规划经过多次论证研究，立足高起点、高档次和长远发展的视角，规划揭阳空港经济区远景按照综合型空港经济区的标准来发展，打造集航空服务、交通物流、高新技术产业基地、高档商务、商贸会展、文化教育、旅游休闲等多重功能为一体的综合型空港新城，使之成为面向潮汕都市区，服务粤东，辐射闽南的地区增长极。根据综合型空港经济区功能复合、产业多元的特点，揭阳空港经济区需要发展以下几种职能：

粤东国际门户：积极推进揭阳潮汕国际机场与中国台湾、东南亚、日韩及欧美地区的国际航线建设，并加强机场与粤东、赣东南、闽西南城市的轨道交通和高速公路联系，打造成为粤东国际门户。

区域物流枢纽：加强空－铁－港－公路联运，服务粤东、赣东南和闽西南的广阔腹地和市场，积极发展临港综合物流、保税仓储、物流中转、物流配送、国际采购、展览展示、出口加工等，建设成为区域物流枢纽。

现代服务高地：依托空港和高铁效应，大力发展商务、金融、酒店、休闲、会展等现代服务业，完善潮汕都市区高端服务职能，建设成为潮汕都市区现代服务业高地。

高新产业基地：依托临空港优势，积极引进发展与航空联系密切，具有快速性和时效性要求的临空高新技术产业；依托临海港优势，加强与珠三角发达城市的产业合作，发展具有大运量货物运输要求的高端装备制造产业，将空港经济区建设成为粤东高新产业基地，辐射带动区域传统产业的升级转型。

山水宜居新城：揭阳空港经济区拥有优厚的生态资源和天然的山水体系，其东抱桑浦山自然保护区，区内榕江、枫江、钟离溪以及渔湖十八弯等水系纵横。同时，顺应空港经济区功能升级完善趋势，积极发展生活居住功能，着力打造人与自然和谐共生的山水宜居新城。

5.2.4 揭阳空港经济区现状存在困难

从揭阳空港经济区诸多发展优势，规划明确了未来发展定位和目标。但如何实现目标，面对现实，揭阳空港经济区现状发展存在很多实际问题和制约发展的不利因素，研究分析这些不利因素更有利于下一步制定科学合理的管理实施体制和推动策略。

1）揭阳潮汕机场规划建设规模相对较小，基础设施相对薄弱，缺乏国际影响力的特大型城市的带动依托

揭阳潮汕机场被定位为粤东地区的干线国际机场，服务半径为总面积约2万平方公里的汕头、潮州、揭阳、汕尾，同时还可以辐射到梅州、闽南部分地区，服务海内外约3000万人。预计到2020年，可以完成年客运吞吐量660万人次，可见从机场本身的规模来看，仅属于中等的水平。揭阳空港经济区的发展不可避免地会面临临近地区同类型经济区的竞争。往北 200 公里即有厦门高崎国际机场，该机场地区发展以飞机维修为主的航空工业基地。往西南 300 公里有深圳宝安机场等，这些机场均发展有比较成熟的空港经济区，其主导产业涉及航空维修、会展博览、物流等。因此，缺乏国际影响力的特大型城市的带动依托，成为使揭阳潮汕机场从区域竞争中突围出来的不利因素。

2）规划空港地区的区域交通格局地位得到大大提升，但机场配套交通基础设施亟需建设完善

汕梅高速公路、潮惠高速公路、潮揭高速公路等区际快速公路交通系统的建设，将在潮汕揭三市真正形成半小时通勤圈，加快地区同城化的步伐，促进融城进程。除了高速公路建设之外，揭阳空港经济区还将有高铁、河港等多种交通基础设施建成，这些基础设施所构成的水、公、铁、空立体交通系统，将大大提升揭阳空港经济区在潮汕都市区交通格局中的地位。这些交通基础设施建设需要省政府的政策和资金的支持，也需要汕潮揭三市通盘协调、同心合力，争取与揭阳潮汕机场枢纽同步建设。

3）由于行政区划因素势必带来三市在空港经济的竞争，需要成立有效城市联盟，确立区域协调发展机制

空港经济区位于潮汕揭三市的中心地带，虽然从行政上从属于揭阳市，但其发展必然要考虑与汕头、潮州的关系。处理好三者关系，使空港经济区成为三市合作的载体，这将大大有利于空港经济区职能的提高，空港经济优势的发挥，整个经济区的跨越式发展，最终成为潮汕都市区的新兴增长极，带动整个区域腾飞。如果处理不好三者的关系，空港经济区有可能成为三市竞争的前沿阵地，重复性的产业配置将造成大量内耗，影响整个区域的资源配置和发展效率，最终导致整个地区经济增长缓慢甚至陷于停滞。

4）现有关空港地区规划与建设存在诸多问题，缺乏有效规划控制与协调引导，需要尽快成立管理机构指导空港经济区规划建设

现状有关空港地区存在规划滞后、控制管理问题、建设用地低效率等问题。从全省空港经济发展形势和揭阳城市整体发展格局出发，建议尽快成立“揭阳空港经济区”。建议将空港新城区建设与揭阳市城市发展、揭阳市区行政区划调整一并考虑，建设一个基础设施完善、环境优美、布局合理、充满生机和活力的现代化空港新城，实现城市空间发展布局的优化。在适当时机，建立一个突破行政管理、地区、行业和部门限制，统一高效的新城政体——揭阳空港经济区管委会，行使对机场地区范围内城镇、产业园区及农村的规划建设和社会经济发展等进行统一管理的职能。

5）潮汕地区经济整体弱势，空港地区产业结构及基础偏低，与临空产业关联度低，难以适应空港经济发展需要，亟需产业政策引导与优化转型

潮汕都市区在广东省沿海五大都市区中，经济发展水平最低，且近几年经济增长的速度也比较慢。潮汕都市区在广东省沿海五大都市区中，经济发展水平最低，且近几年经济增长的速度也比较慢。揭阳市在潮汕地区又处于落后地位。地登砲核心区中，地都、砲台的发展水平稍好，但整体水平也不高；登岗镇由于一直为机场建设预留空间，长时间发展受到限制，基础更是薄弱。

潮汕都市区的优势产业主要以传统的劳动密集型产业如纺织业、塑料制品等。揭阳也有类似的特点，建材、五金、纺织等产业发展较好。地登砲核心区现有的产业类型也是以食品、建材、塑料、石材等为主。这些产业均不能发挥空港经济的比较优势，是不适合在空港经济区发展的产业类型。从服务业领域来看，潮汕地区的服务业行业主要以传统的商贸零售业为主，信息、金融等生产服务业缺失，严重阻碍了整个地区其他产业的发展。所以，要想促进粤东地区的发展，必须对该地区的产业结构进行全面升级。

6）存在环境污染问题，发展与保护压力较大

空港经济区的核心地区地都、登岗、砲台都存在严重的水污染问题。随着机场的建设，空港经济区的发展，大量企业的投产，更大范围的噪声污染、光污染、固体垃圾、大气污染等都有可能接踵而来。如果不注意对污染源的控制，未雨绸缪，就有可能走先污染后治理的老路，影响空港经济区的可持续发展。所以如何处理经济效益与环境的关系也是影响空港经济区未来发展前途的重要因素。

当然，揭阳空港经济区发展还存在其他一些问题，还需要不断优化空港经济区的人文环境，提升空港经济区创新能力，促进空港经济区产业结构提升，完善城市综合服务能力和建立健全空港经济区发展协调机制等诸多方面做进一步的工作。

6 揭阳空港经济区管理体制方案研究

6.1 管理体制设计原则

6.1.1 权力集中型的管理政体原则

行政职权是相对集中的，不因合并一个功能区或开发一块“飞地”而有所分散，从而保持了管理体制的统一、高效。例如，规划国土建设局所属的土地开发建设中心代表开发区管委会统一行使土地开发过程中的几乎所有职能，如征地、收地、拆迁、复建、安置，所征土地的填土、炸石、平整，市政道路桥涵、各类管网、景观与绿化等基础设施建设。

6.1.2 高度精简的党政管理机构原则

行政机构的设置精简，避免行政手段的繁冗带来工作的低效率。重心下移，就是要求凡是下放以后更有利于加强管理的社区管理事权，都要下放到街道、居（村）委会；凡是由区职能部门进行统一管理更有利于区域投资环境建设的社区管理事权，要由区职能部门进行统一管理并不断强化。区职能部门主要负责社区管理的总体规划、统筹、指导和监督，街道办事处、居（村）委会主要负责社区管理事项的具体执行工作。

6.1.3 不同阶段体制适应原则

依据上一章的分析，近期采用开发区管理模式，随着基础设施的完善，带来经济区转换升级的机遇，应该将政府管理和市场化运作进行妥当的制度安排，适时推进经济区的企业化运作进程。当空港经济区进入成熟阶段，将其转化为城区的一部分，纳入城市管理中，完成其开发性质的使命。

6.1.4 整体功能整合原则

空港地区是一个特殊的行政区域，是城市的窗口，体现一个地区和一个城市的形象。与此次规划范围相邻的有揭阳市经济试验开发区，揭东县经济开发区，属于不同的行政管辖范围，空港、高铁、港口一起带动区域经济的发展，必然要将各个开发区整体考虑，形成协作互补的产业布局。

6.2 管理体制方案比较分析

潮汕新机场的建设得到国家的批准后，揭阳市政府成立了揭阳潮汕机场建设指挥办，揭东县成立了机场征地拆迁安置指挥办，从2004年开始，共同协调完成机场建设的前期基础工作。目前工作正在进行中。已经完成的工作有：征地、拆迁、安置实际数量的调查，安置区房屋及公共设施的规划设计和建设资金数额估算，制定土地的各项补偿协议。本次规划研究根据国内外机场地区规划建设发展规律、空间发展特征，以及空港不同类型和发展模式，对揭阳空港经济区未来管理体制模式提出多种方案的选择比较，包括起步运作型方案，统筹服务型方案和区域协作型方案。

6.2.1 方案一——起步运作型方案

保留机场建设办，征地拆迁安置指挥办的行政职能，其接下来的任务包括：一方面做好政府征地工作，协调拆迁户和政府，对拆迁户做到住房安置，征地补偿，就业安置，继续教育；另一方面配合机场建设、管理机构做好工作。等上述的任务结束后，将其更名为空港产业园管理委员会，负责空港产业园的建设、管理，招商和服务工作。三镇仍然行使其辖区行政管理职能。

起步运作型方案虽然近期行政管理上并未做大的变动，应该说花费代价当前比较小。但是这种管理形式，行政职权始终不明朗；整体地域的发展起点低，发展前景不看好，对于发展前景较好的空港地区不太适合。

6.2.2 方案二——统筹服务型方案

空港经济区依据现实出发，现有政府派出机场建设办，机场征地拆迁安置指挥办将机场建设的前期工作完成后撤销。由市政府的派出机构——揭阳市空港经济区管理委员会统一领导。建设初期实行“集中管理型”管理模式。管理委员会下面设置了综合管理办公处、综合规划处、投资招商处、建设管理处、社会事务处等职能机构。以精简机构设置为原则，机构的职能具有较强的综合性，如办公室兼有文秘、宣传、外事、政策、统计、行政、文档、接待以及信息等职能。每个处设置综合科、业务科。

统筹服务型方案是基于现实的基础上，进行了跨越式的发展，同时又具有操作性，类似我国的开发区，行使相对独立的管理权。作为发展前景较好，而且具有跨越式发展条件和区域协调需求的空港地区，应该是一个比较切合实际又有前瞻性的方案。

6.2.3 方案三——区域协作型方案

建设空港地区从潮汕都市区出发，将揭阳市经济试验开发区，揭东县经济开发区一同纳入潮汕空港新都市区的新城管理体制中，采用政企合一型的管理模式。

区域协作型方案体制设计模式起点高，对于有四个国家级开发区的广州开发区，其建设国家赋予了更多的权力，这种是较为完整系统丰富的政策体系。但是对于揭阳市行政区划调整近期不明确和潮汕都市区协调机制难以很快形成框架的前提下，在空港经济区建设之初就建立起来这样的管理框架，应该说风险有比较大的，实现难度也是比较大。

经过多方案比较研究和综合分析，从揭阳市当地实际情况和潮汕都市区未来发展趋势出发，本研究建议揭阳空港经济区未来的管理体制可以根据行政区划调整和空港经济区设立情况，在采用统筹服务型方案的基础上，优化整合三种方案，提出科学合理的管理模式方案。

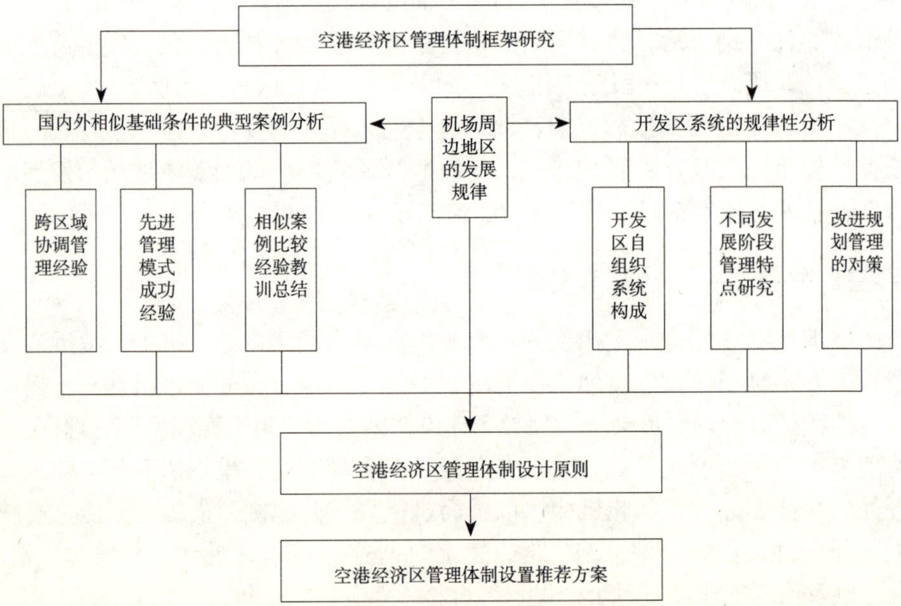

图 6-1 空港经济区管理体制研究路线

6.3 推荐高效管理机构方案——“两步走”管理模式

揭阳空港经济区行政区划复杂，其中揭阳试验区属于揭阳市区的榕城区，空港地都、登岗、炮台三镇属于揭东县，且缺乏统一的管理、协调机构，难以实现对整个空港经济区的统筹管理。因此，推进揭阳空港经济区的行政区划调整，形成统一的管理机构对经济区建设极为迫切。通常，在开发区建设初期，由于规模较小，城市功能不完善，为了集中精力开发建设，大部分开发区的管理机构是上一级政府的派出机构，按准政府的方式，实行放权经营。当开发区发展到一定规模，城市功能越来越强，准政府的体制就不能适应地区发展和管理的需要，又回归到行政区管理模式。但是，这并不是回归到传统意义的政府构架，此时的政府已不是原来意义上的政府，而是一个精干、高效的政府。

借鉴国内外开发区发展规律和广州、上海、天津等先进开发区模式，针对不同发展阶段，对揭阳空港经济区未来管理体制模式提出分两步走的不同模式方案。第一步采用领导小组领衔试验区管委会和空港新区指挥部的过渡方案模式，第二步在获省政府批设揭阳空港经济区（可由揭阳经济开发试验区更名）和行政区划调整后，可采用空港经济区管委会加行政直属分局的方案模式。

6.3.1 第一步过渡方案模式

由于空港范围跨越行政界限，空港经济区正在争取上级批准设立，行政职权的变动可能引起很多的问题，因此需要精简设置行政机构，避免行政手段的繁冗带来工作的低效率。揭阳试验区有完整的行政管理机构，而空港三镇至今仍没有正式的管理机构。试验区可以从行政上支持空港三镇过渡期的部分管理，节省行政成本。因此，第一步可采用市政府成立揭阳空港经济区领导小组领衔试验区管委会和空港新区规划建设指挥部的管理模式。

1）成立揭阳空港经济区领导小组

揭阳市委、市政府成立揭阳空港经济区领导小组是实施空港经济区全面管理最为关键的一步，近期必须尽快成立。揭阳空港经济区领导小组由市长和主管副市长担任组长、副组长，领导小组办公室为常驻机构，由市政府主管领导和相关行政职能部门领导组成，包括有国土局、规划局、建设局、发改局、经贸局、招商局、综合执法局、民政局、交通局、公路局、人事局、环保局等部门。负责对空港经济区（试验区和空港三镇）工作的领导、组织

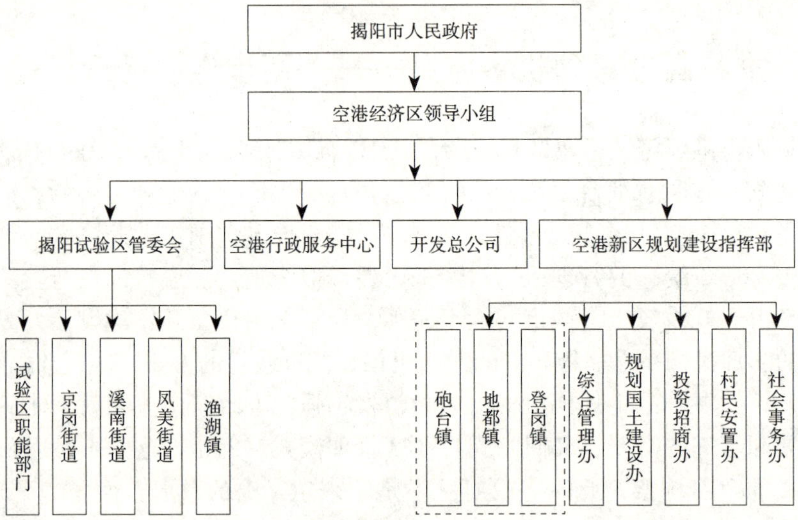

图 6–2　过渡模式管理机构组织框架

和协调，同时负责筹建空港新区规划建设指挥部和揭阳试验区管委会机构改革。

2）设立空港新区规划建设指挥部

根据空港地区的现实情况，经济还处于起飞和开发创建阶段，采用“集中管理型管理”模式，有较大优势。将经济产业建设与区内的日常事务分开，形成职权明确的行政体系。借鉴其他地区的经验,考虑继续保持原有镇的机构，在指挥部领导下,负责各片区的日常生活事务工作。这样减轻了指挥部的包袱，为经济区的建设奠定良好基础。

依托揭阳潮汕机场建设办为基础，在全市挑选，全国招聘，成立空港新区规划建设指挥部。除了保留机场建设办的行政职能，继续做好协调拆迁户和政府对拆迁户做到住房安置、征地补偿、就业安置、继续教育及征地工作。指挥部主要负责空港产业园的规划、建设、管理、招商和服务工作。空港三镇仍行使其辖区行政管理职能，在项目立项（可研）、土地（出让）、规划（审批和管理）、建设、环保等的行政审批上增加报指挥部审核环节。

空港新区规划建设指挥部建设初期实行“集中管理型”管理模式。管理机构为正处级单位，指挥部下面设置了综合管理办、规划国土办、工程建设办、投资招商办、拆迁安置办、社会事务办等职能机构。以精简机构设置为原则，机构的职能具有较强的综合性，如综合办公室兼有文秘、宣传、外事、政策、统计、研究计划、行政、文档、接待以及信息等职能。

3）设立空港经济区行政服务中心

空港经济区行政服务中心是揭阳市行政部门派出机构。根据市各职能部门的授权，履行对进驻部门集中审批、收费事项的组织协调、监督管理和指导服务的职能。为了规范行政服务行为，简化办事程序，提高行政效率，“中心”对行政服务事项、收费事项和服务项目实行“一个门受理、一站式办公、一个窗收费、一条龙服务”的运作模式。主要包括发改局、国土局、规划局、建设局、招商局、环保局、综合执法局、工商分局、消防大队、公安分局、财政局等部门进驻，并设有相应服务窗口。

4）成立空港经济区开发总公司

成立开发总公司在国内外开发区都有很多成功案例，如荷兰史基浦地区开发公司、北京天竺空港经济开发区及天津中新生态城。当前，空港经济区可由市、管委、指挥部牵头，引进国内知名开发公司，成立一级开发合作股份公司的开发总公司，专门负责招商和管理，拓宽融资开发平台，保障新区启动区建设快速形成规模效应。通过开发总公司，创新启动区开发模式，快速启动建设行政服务中心、规划展览馆、空港商务区等重点服务配套项目，提升城市形象和新城综合功能。同时，开发总公司的设立有利于处理和平衡各方面的利益关系，一方面可以通过政府有效保证土地供应，另一方面，各级政府都有机会参与开发总公司，以便有效解决现有的问题和形成未来的多赢局面。

6.3.2 第二步管委会方案模式

揭阳空港经济区不同阶段体制要有不同的适应原则，近期采用开发区管理模式，随着基础设施的完善，带来经济区转换升级的机遇，应该将政府管理和市场化运作进行妥善的制度安排，适时推进经济区的企业化运作进程。当空港经济区进入成熟阶段，将其转化为城区的一部分纳入城市管理，完成其开发性质的使命。争取将空港经济区上升为省级发展战略和国家级开发区，规划建设出口加工园、综合保税区等。因此，第二步争取申报把揭阳经济开发试验区更名为揭阳空港经济区，并调整空港三镇行政区划，空港经济区需要采用管委会加行政直属分局的模式，包括筹建空港经济区管委、按照政府行政构成设置各直属分局，进一步完善空港经济区行政服务中心和创新发展空港经济区开发总公司。

1）成立揭阳空港经济区管委会

申报省政府把揭阳经济开发试验区更名为揭阳空港经济区，并扩大到包括空港三镇共234平方公里范围，成立揭阳空港经济区管委会，实行管委会

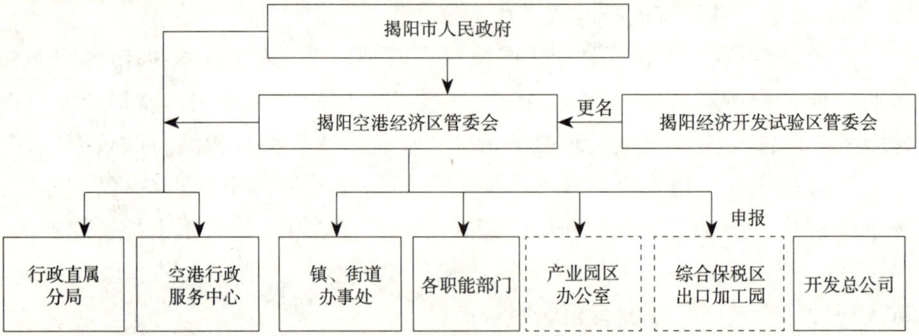

图 6-3　管委会模式管理组织机构框架

和镇、街道办事处、园区（功能区）办公室两级管理体制。管委会主要职能是规划、建设、协调，制定政策和监督检查政策落实情况，各园区（功能区）可采取不同的管理模式。管委会成立完成后，撤销揭阳空港经济区领导小组和空港新区规划建设指挥部。渔湖镇、炮台镇、地都镇、登岗镇四个镇改为街道办事处。

空港经济区管委会下设有空港产业各园区（功能区）办公室、各职能部门办公室、开发总公司和镇、街道办事处，并指导、协调行政直属分局和空港行政服务中心工作。管委会没有项目审批权，批租土地、审批项目都是由揭阳市相关行政主管负责。以综合保税区（物流保税区）、临空高端产业区、空港中心服务区等特色功能区设立是空港经济区有别于一般开发区的管理体制设置关键策略。

在党政关系上，实行“两块牌子，一套班子”，对重大问题实行“大办公会议制度”，由党委、管委会集体研究解决。管委会全面负责行政管理、经济管理和社会管理。党委书记、管委会主任由市领导兼任，不设人大和政协。管委会具体职能部门设置如下：3 个政法机构（公安分局、区检察院、区法院），3 个社会团体（区总工会、机关企业党委、区团委），2 个中心（行政服务中心、土地开发中心），7 个管理办（综合管理办、计划经贸科技办、投资招商办、国土规划建设办、财政办、社会事务办、组织人事办），每个办公室设置综合科、业务科。

2）设置政府行政机构直属分局

按照政府行政构成设置各空港经济区直属分局，推动国土局、规划局、综合执法局、公安局、工商局、税务局、卫生教育局、公路、交通局等重要部门成立市局直属分局，提升新区的管理水平，加紧对该地区进行管理和控制，尽快实现空港经济区高水平的管理。

6.3.3 管委会主要管理机构职能建议

1）综合管理办公处（党政合一）

协调各处室之间的工作关系，处理党工委、管委会日常事务工作，当好领导的参谋和助手；负责公文处理、档案管理、车辆管理、机关后勤服务、审核办公用品购置方案等工作；做好经济区内部组织、人事、纪检监察和工青妇等群团工作，负责经济区保密工作；负责经济区财务经费及国有资产的管理和会计核算，协助做好统计工作；负责对外协调，搞好对外信息宣传工作及更新网络平台；负责经济区内企业党组织的管理及监督指导；负责本部门资料信息的收集、整理、报送；协调、配合机场管理部门开展工作；编制经济区的建设资金计划，协调和调度各类资金，开拓多渠道融资，保证开发建设的需要；领导交办的其他工作。

2）综合规划处（包含计委、规划、国土三单位的职责）

负责编制经济区的总体规划、控制性详细规划、城市设计规划、修建性详细规划及规划调整等工作并按批准后的规划实施；对经济区产业及项目建设实施方案、进度、策略和措施进行科学策划，根据经济区规划，组织重大建设工程的方案编制、论证；办理经济区项目建设的规划到建设前期手续；协助各种宣传资料的制作；负责经济区内公益广告的设置和发布的初审工作；负责本部门资料信息的收集、整理、报送；领导交办的其他工作。

3）投资招商处

负责招商资料的制作、项目包装和对外宣传工作；按照规划负责项目、资金、技术、人才的引进及引进中的洽谈、考察；负责项目建设土地的征用、出让、划拨、土地的招标、拍卖、挂牌等国土手续承办、报批以及协助土地款催收工作；负责为入驻企业做好交地服务，同时做好有关用地政策的宣传；牵头办理入驻企业在建设中有关项目立项、环保、工商、建设等相关手续，帮助入驻企业解决生产建设中的困难并提供优质服务；与市、区经济区办搞好协调，做好各项经济指标的统计及上报；负责本部门资料信息的收集、整理、报送；领导交办的其他工作。

4）建设管理处

办理经济区项目的建设手续到施工单位进场前所有前期手续及竣工工程的资料、结（决）算的内部审计工作；负责实施经济区土石方平基、道路及水、电、气、管网等基础设施的建设；负责经济区绿化、路灯、公厕、渣台等设施建设；负责经济区内农转非、标准厂房、综合楼等工程建设；帮助入驻经济区企业办理水、电、气供应手续，并提供临时用水、用电搭接服务；负责经济区工程监督管理、招投标管理；负责编制、审查经济区工程预、结（决）算，并对经济区内已竣工工程资料收集、统计、管理、归档和移交；负责组织经济区重点项目的会审和送审工作；负责本部门资料和信息的收集、整理、报送；根据经济区发展规划，负责做好有关用地政策的宣传解释工作和群众工作，实施占地农转非人员的动迁、安置、补偿工作，保证建设用地需要。负责经济区各项资金的收取和拆迁、安置、补偿等各类费用的发放工作；建立农转非人员信息网，支持和帮助农转非人员再就业；做好征地农转非遗留问题处理工作；领导交办的其他工作。

5）社会事务处

负责经济区安全生产、社会治安综合治理、信访稳定、就业和再就业、法制建设等工作，维护经济区正常生产、生活秩序；负责预防和处理群众集访等重特大事件，及时处理突发事件，协助解决和处理遗留问题；负责经济区内安全保卫，建立和维护防火、防盗、防爆安全设备和措施；负责经济区已建和在建项目的安全监管，对安全事故进行预防和处置；负责经济区的精神文化建设；负责本部门资料和信息的收集、整理、报送；领导交办的其他工作。

7 揭阳空港经济区规划实施推动策略

在适当的管理体制下，制定高效的规划推动策略，做好规划实施保障。因此，规划实施保障应该包括规划实施推动策略和政策制定。通过区划调整推动策略、区域合作策略、政策区升级策略等方面推动空港经济区加快进入快速发展轨道，通过制定包括土地政策、招商引资政策等保障项目尽快落位和实施建设。

7.1 行政区划调整策略

7.1.1 揭东空港三镇纳入揭阳市区行政管理

推进揭东县地都、登岗、炮台三镇纳入揭阳市区行政管理范围。根据《城乡规划法》和揭阳市总体规划确定的中心城区范围，鉴于目前揭东空港三镇的现状情况，要尽快将三镇调整纳入揭阳市区行政管理范围。近期将揭东县登岗、炮台、地都三镇调整纳入揭阳市区行政管理范围：包括土地管理、城乡规划编制和管理、工程建设管理、市政建设管理等收归市区。杜绝出现新区开发中突击建设、无序建设等问题。在新区相关规划完成之前，严禁非法建设。

7.1.2 揭东空港三镇纳入揭阳市区行政区划调整

推进揭阳市区行政区划调整申报工作，空港经济区范围内的揭东县三镇纳入揭阳市榕城区行政区划范围，使揭阳空港经济区 234 平方公里范围都在揭阳市榕城区范围，避免揭阳空港经济区范围跨区、县发展。

从城市长远发展角度，揭阳市需要进一步扩大市区的行政区划范围。为了充分发挥市区扩大、撤县设区对城市的综合效益，借鉴国内大城市发展经验，结合揭阳城市未来发展格局和打造粤东发展极的要求，需要对揭阳市行政区划调整做到一次规划、逐步有序推进，从“县改区”推进行政区划调整，服务经济社会发展，促进揭阳城市新跨越式发展。揭阳市区行政区划调整按照“有利于稳定、有利于发展经济、有利于资源配置和合理开发使用、有利于降低行政成本和有效管理”的原则，全局谋划，统筹安排，妥善处理各种利益关系，积极稳妥地加以推进。根据揭阳市区扩大和揭东县本身发展需要，撤销揭东县后，可在不增加县级政区数的同时进行区划整合，依托县城设揭东区和原市区东山区和揭阳试验区带动原揭东县辖区东部、西部、东南部发展。

7.2 区域合作策略

7.2.1 汕潮揭层面合作策略

1）建立行之有效的潮汕都市区协调机制

对于跨行政区的潮汕都市区而言，开展都市区协调发展规划对于凝聚区域发展共识、协调三市空间发展矛盾、确定区域空间发展整体架构、提升区域综合竞争力至关重要。通常区域协调机制的建立有两种方式。一种是由上一级政府参照行政管理模式建立区域协调管理机构，例如《珠三角城镇群协调发展规划》中提出，成立珠三角规划管理办公室，作为城镇群规划协调机构的办事机构；另一种是由各个区域发展主体按照伙伴关系模式自发建立起来的区域协调机制。例如，在南京都市圈规划编制以后，主要以南京都市圈发展论坛这种形式，基于“平等、互利、合作、共识”的原则，在各城市之间、各社会部门之间建立了一种互惠互利的伙伴关系，推动城镇密集地区规划的顺利实施。

潮汕都市区可以有选择地结合上述两种协调机制，保持日常的磋商与协调机制。从省一级层面看，应加强省政府的宏观协调作用，可在省级领导牵头下，设立由相关省直部门和汕头、揭阳、潮州三市政府部门共同组成的区域性规划协调机构，专门负责潮汕都市区内部及与周边地区各城市之间的协调。在地方层面，应加强潮汕都市区各城市之间、城镇之间多层次、多方位的紧密合作，逐步形成城市间的战略联盟，通过共同举办发展论坛或大型展会、联席会议、基础设施联合投资等多种合作方式和制度安排增强交流、凝聚共识。而机场建设与周边地区的开发为促进汕潮揭三市一体化的实质性合作提供了重要的突破口。

2）建立空港周边地区的统一规划和协调管理

空港、高铁枢纽周边地区涉及潮州、揭阳、汕头三个地级市的多个镇，现状发展条件差异较大，分散发展势必会造成各地区的无序竞争和资源整体配置的低效率，从而造成地区发展和土地利用的整体协调性差。因此，为保证机场和机场周边地区的可持续发展，建议将空港经济区及其周边地区作为潮汕都市区城际规划建设协调管治区，在省政府的规划、指引、协调等协商性手段指导下，由相邻地区政府进行磋商、协调，达成一致后方可由城市政府自主发展、建设。

其中，临近空港经济区的揭阳、潮州交界地区协调发展的重点包括：协调潮揭高速、汕揭梅高速、厦深高铁、城际轨道等重大交通廊道的选线、接口位置以及沿线开发控制；加强高速公路出入口、潮汕机场、厦深高铁站点周边地区的综合开发控制及土地利用衔接；加强揭东县的登岗、砲台、玉窖等镇与潮州市的沙溪、金石、浮洋、风塘等镇在产业发展、用地布局等方面的协调和基础设施的共建共享；共同开发和建设围绕机场和高铁等快速运输方式为基础的集物流、仓储、加工、贸易等多种功能的物流基地。

临近空港经济区的揭阳、汕头交界地区协调发展的重点包括：协调汕梅高速、厦深高铁、城际轨道、潮惠高速等重大交通廊道的选线、接口位置及其沿线土地利用，以及206国道沿线开发控制；协商榕江上下游港口建设；加强榕江环境保护和污染治理工作；合作保护与开发桑浦山风景区；促进揭东县地都镇和汕头西区在产业发展、用地布局等方面的协调和基础设施的共建共享；利用邻近汕头大学和桑浦山的区位优势，共同开发和建设以临港装备制造、高新技术产业、旅游休闲、文教科研为主的产业服务园区。

3）构建可持续发展的潮汕都市区空间网络格局

国际经验表明，在全球化条件下，多中心的区域发展格局可以避免由于过度集聚带来的高额成本，有利于增强经济发展的多样性和弹性，提高人居环境质量。一个资源互补、联系紧密、布局有序的区域整体空间结构，有助于打破目前潮汕都市区内部城镇相对均衡孤立发展的状态，激发区域内各个利益主体的积极性，大大增强潮汕都市区整体的协同竞争优势。

综合考虑区域环境、交通、城镇布局和产业发展等多种因素，潮汕都市区将形成以“一核、三中心”为节点，“三边、十字轴”为骨架的网络状空间结构。

三中心：分别指汕头市、潮州市、揭阳市。一核：指围绕空港、高铁站点等交通枢纽布局的产业发展核心地区和桑浦山生态绿核。伴随着潮汕机场、汕揭梅高速公路和厦深高速铁路的建设，位于三市中部的空港、高铁站点枢纽地区将崛起为潮汕都市区未来开发热点地区，有力地支撑起潮州、汕头、揭阳“三足鼎立”的格局，并将成为潮汕都市区协调发展、体制创新的示范区。同时，在该地区发展产业的过程中，应保持并保护潮汕地区的总体山水格局，尤其是要维护三市之间、以桑浦山为中心的生态绿核。“三边、十字轴”是指依托高速公路、快速铁路、轻轨等主要的快速联系方式，辅以国道、铁路、

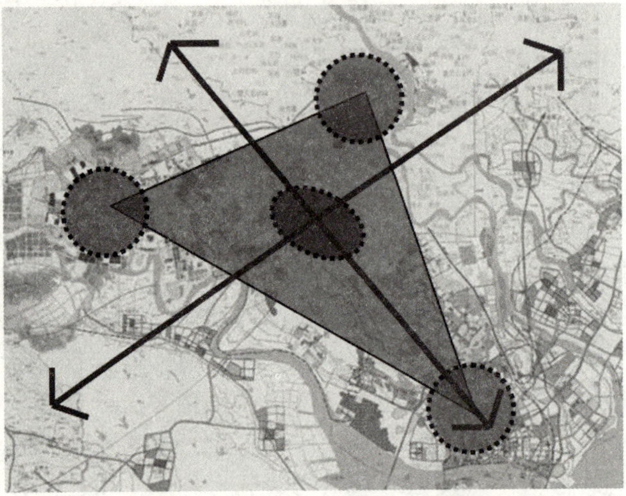

图 7-1 潮汕都市区空间格局示意图

一般道路等，形成潮汕都市区内部等级有序、快慢结合、高效通畅的城际交通联系网络。

潮汕都市区“三边一十字轴”交通骨架结构　　表 7-1

骨架结构		主要交通廊道
三边	揭阳—汕头	城际轻轨、206 国道、疏港铁路、疏港快速路
	汕头—潮州	城际铁路（广梅汕铁路一段）、潮汕公路、城际轻轨
	潮州—揭阳	广梅汕铁路、潮揭高速、潮惠高速、潮汕环路
十字轴	东西轴	厦深高速铁路、潮汕外环路
	南北轴	汕揭梅高速公路

4）分步推动汕潮揭三市一体化合作新模式

揭阳空港经济区位于汕潮揭三市交界，是汕潮揭一体化的战略核心地区。因此，必须以机场和空港等重大交通设施为契机，分步推动汕潮揭三市合作，进而实现汕潮揭一体化目标。

第一步：建立揭阳—潮州、揭阳—汕头两个产业协作区。

揭阳—潮州产业协作区为揭阳和潮州两市合作共建产业园区，位于两市交界的揭阳潮汕机场和厦深高铁潮汕中心站中间地带。协作区面积 25 平方公里，其中潮州 10 平方公里、揭阳 15 平方公里，依托机场和高铁重点发展临空高新技术产业、保税仓储物流和自由贸易。

揭阳—汕头产业协作区为揭阳和汕头两市合作共建产业园区，位于两市交界的206国道南侧地带。协作区面积30平方公里，其中汕头20平方公里、揭阳10平方公里，依托河港重点临港装备制造产业。

第二步：建立大潮汕全面协作区。

设立大潮汕区域协作管理机构，推动汕潮揭在规划、产业、交通、公共设施的全面一体化乃至同城化，建立包括空港经济区、揭阳市区、揭东县城、潮州市区、潮安县城、汕头金平区和潮阳区部分地区在内的大潮汕全面协作区。

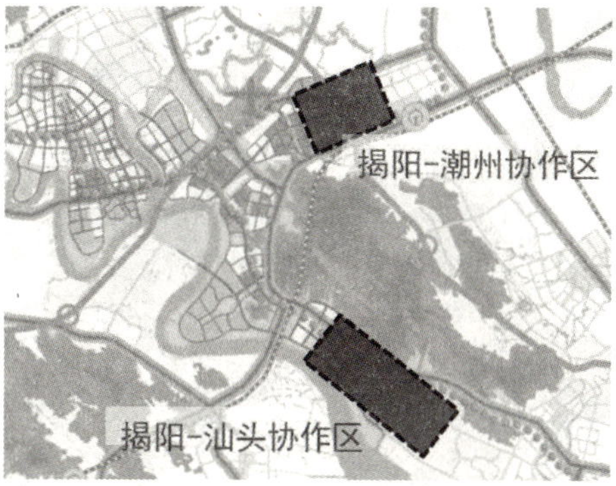

图7–2 揭阳—潮州、揭阳—汕头产业协作区示意图

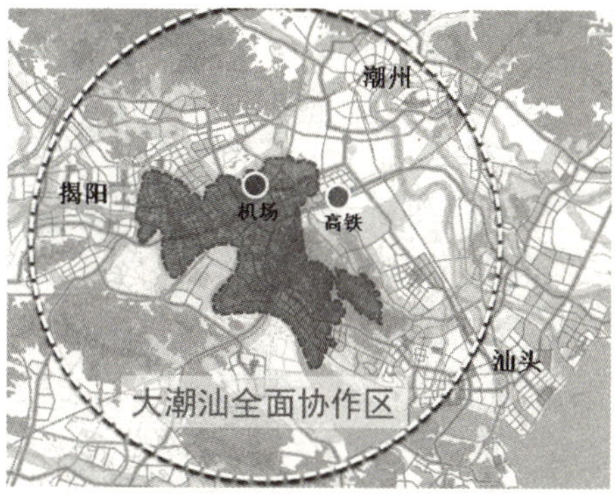

图7–3 大潮汕全面协作区示意图

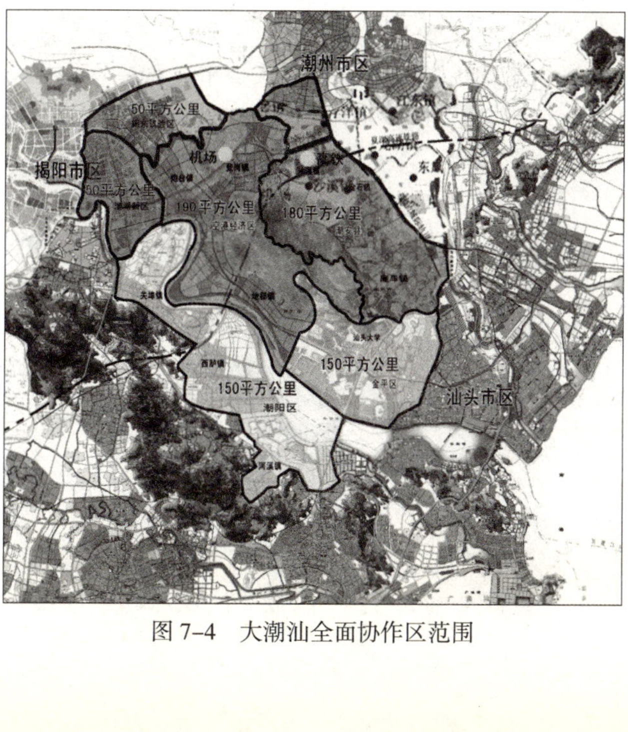

图7–4 大潮汕全面协作区范围

7.2.2 广东省层面（珠三角）合作策略

广东省立足促进珠三角产业升级转型和区域协调发展，自2005年以来相继出台系列措施推动“双转移”。因此，跨市合作建设产业转移工业园及特别合作区，承接珠三角的产业转移成为粤东、西地区和山区崛起的重要动力。

揭阳空港经济区为粤东交通枢纽，应成为粤东地区与珠三角区域跨市合作的前沿和示范区。规划参考两江模式和深汕特别合作区模式等政府合作案例，结合广东和揭阳实际，提出在空港经济区建立揭阳—珠三角特别合作区。

政府间的合作开发，这种合作方式，可借鉴“江阴靖江园区”的两地联合开发模式[1]和基于泛珠三角的“横琴经济合作区”模式[2]。无论采用哪种模式，由于地方政府间设立合作区是一种新的探索，政策性强，需要争取省政府、中央的支持和指导，争取将合作区列入省级重点开发区，在管理权限、土地、税收、外贸等方面，实行更加灵活开放的政策。同时，合作还应该超越合作区这个实体，在更多的“无形”的领域，例如市场、产业发展、人才交流、管理体制等方面寻求进一步合作的空间。

揭阳—珠三角特别合作区位于地都片区，面积约40~50平方公里，由揭阳和珠三角发达城市如广州市合作建设。管理机构由揭阳和合作城市共同成立特别合作区管委会，揭阳负责社会管理、征地拆迁等社会事务，合作城市负责投入、开发、招商、管理等经济事务。揭阳市主要部门在合作区设立办事处，同时申请部分管理权限由省直管，减少审批程序。园区运营由管委会成立的运营公司负责，启动资金由两市共同按比例出资构成，职能包括土地整理、收购和出让等。招商引资主要由合作城市负责，实现其品牌效应。融资模式采用BT、BOT等多种融资渠道，加强同大型集团公司的合作，并积极引入民间资本。近期产业合作方面，可依托空港经济区临空和临港优势，承

---

1 2002年8月，江阴和靖江两市（江苏省两个县级市，分属无锡和泰州两地级市管辖）合作建设江阴靖江园区。采取靖江出地，江阴出资的合作模式，投资、管理都以江阴为主，靖江主要负责劳动力安排和配套服务。园区成立了江阴经济开发区靖江园区投资有限公司，江阴、靖江按9：1出资。在行政管理上，园区虽处于靖江境内，但由江阴的江阴经济开发区管委会进行管理，而社会事务管理由靖江在园区单独设立一个办事处。围绕园区的联合开发，江阴、靖江两地还形成了一系列交流合作机制。

2 1992年，在横琴岛共同设立“泛珠三角横琴经济合作区”作为泛珠三角区域合作发展的重要载体，集“9+2”各省区之力共同开发，使之成为金融和贸易的“自由港”。横琴岛实行“三级机构两级管理”的管理模式。管理模式要通过三个层次来实现。第一层次是设立横琴合作区理事会，一个由“9 + 2”各方政府代表组成的议事机构而非决策机构；第二个层次是成立横琴合作区管委会，为广东省人民政府派出机构，是横琴的管理部门；第三个层次就是成立横琴经济合作区开发公司，负责招商引资具体事项。

政府合作案例（两江模式和深汕特别合作区模式） 表 7-2

	两江模式	深汕特别合作模式
面积	60 平方公里	463 平方公里
合作主体	江阴市、靖江市	深圳市、汕尾市
合作期限	30 年	30 年
管理机构	江阴成立管委会，靖江成立办事处 园区内经济事务由江阴负责，社会事务由靖江授权委托园区管理，部分管理权限由省直管，减少审批程序	深圳和汕尾合作成立管委会 深圳为主负责投入、开发、招商、管理等，主导开发经营（经济权限）；由汕尾为主负责社会管理、征地拆迁等，主导社会环境（社会权限）
园区运营	成立园区运营公司。投入初始资金 1 亿元，江阴、靖江两地政府按 9 ∶ 1 的比例投入的股本金	
招商引资	江阴出品牌，靖江出土地	深圳出品牌，汕尾出土地
融资模式	BOT 模式 积极引入社会和民间资本投资	BT 模式 中国泛华建设集团前期投资 30 亿元人民币打造园区基础和公共设施
收益分成	10 年内不分成，收入全额返还园区，10 年后对半分成	由深圳市、汕尾市和合作区按 25%、25% 和 50% 的比例分成； 5 年内不分成，收入全额返还园区；5 年后，收入的 50% 返还合作区，50% 对半分成

接广州的汽车及零部件、生物医药、装备制造等产业转移合作，以及发展主题公园、娱乐休闲、高端会议、星级酒店等。

7.2.3 对台、东盟等国际层面合作策略

粤东地区是我国著名的侨乡，有超过 1300 多万的潮客侨胞分布于世界各地，其中在中国台湾和东南亚人数众多。随着国家促进祖国和平统一和推动东南亚区域经济一体化要求，必须进一步加强粤东地区和中国台湾、东南亚地区的合作，提升粤东地区的国家战略地位。

揭阳空港经济区作为粤东地区国际化前沿平台，应积极依托机场优势开展对台和东盟合作。

1）设立广东—东盟高层合作论坛和博览会

积极争取在临近机场的揭阳空港经济区中心区设立中国（广东）—东盟战略合作论坛会址。积极邀请国内、东盟以及其他国家和地区的政府官员、潮客侨胞、专家学者、企业高层、社会精英等各界人士，共同探讨广东与东盟战略合作的发展方向，扩大合作领域，创新合作方式。建设广东—东盟博

览会和产品展览的会展中心，同时依托空港优势，与广交会合作，建设成为广交会的延伸和面向东盟的分会场。

2）构建便捷的通关平台

逐步增加揭阳潮汕机场至东盟国家以及中国台湾、日韩地区的航线，建成面向东盟的中转枢纽国际机场。积极推进机场保税物流区和中国（广东）—东盟自由贸易区建设。首先，全面推进揭阳潮汕机场的口岸大通关建设，加快电子口岸建设，推广一站式通关模式。其次，加强机场海关特殊监管区建设，积极争创保税物流区和自由贸易区，以改善通关环境，提高通关效率，提升对东盟开放层次。

3）打造产业合作示范区

依托粤东与东盟传统经贸基础，规划在机场东侧建设中国（广东）—东盟产业合作示范区。首先，吸引粤东乃至全省的特色品牌制造业入园发展，专门生产针对东盟市场的产品，把东盟打造成为广东产品出口的大市场、国际品牌的试验田。其次，吸引东盟各国企业入园投资置业，如吸引新加坡、马来西亚、泰国等东盟国家先进制造业和高新技术产业开展投资合作。第三，加强与缅甸、印度尼西亚等东盟资源强国的资源进口和产业合作，有针对性的对传统优势产业到东盟拓展，把东盟打造成为广东原料、能源资源的供应地和传统产业的转移区。

4）建设现代服务业合作基地

依托中国—东盟自由贸易区《服务贸易协议》，规划在空港经济区打造与中国（广东）—东盟现代服务业合作基地。首先，在空港经济区中心区打造现代服务业基地，东盟国家开展建筑、环保、运输、文化、教育、体育和商务服务等合作。重点与新加坡、马来西亚等国家合作发展高技术服务业，设立研发中心，发展服务外包业；与印度尼西亚、泰国、越南等国家合作发展跨境物流服务，建立分销中心等。其次，在榕江之滨的塔岗半岛建设区域休闲度假中心，积极引进东盟先进国家投资打造主题公园、超星级酒店、度假会所、潮人天下和华侨博物馆等。再者，在空港经济区中心区打造旅游服务中心，加强与东盟国家的旅游业合作，强化粤东作为东盟与中国台湾、日韩、欧美地区旅游线路的重要中转枢纽地位。

近期实施方式与推动步骤，首先由广东省政府牵头，潮汕揭三市参与组成广东—东盟论坛领导机构；其次汕潮揭三市发起成立广东—东盟论坛，作为推动广东省与东盟各国间的经济交流、协调与合作的平台，在揭阳空港经济区建立一个具有会议、会展功能的论坛中心，并由广东省政府组织召开每年的高峰论坛和贸易投资洽谈活动。

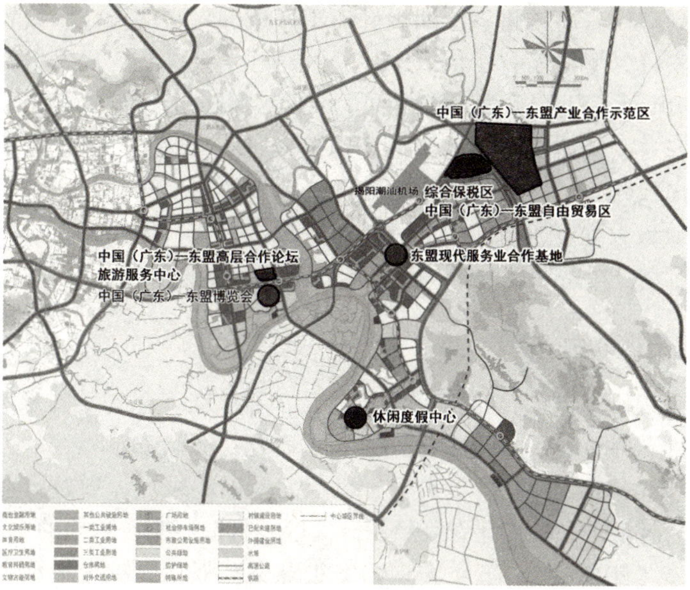

图 7-5 揭阳空港经济区与东盟合作项目建议示意图

7.3 实施政策保障

7.3.1 土地政策支撑

如何通过合法破除约束土地有效利用和保护的机制，保障和促进新区的科学发展，将成为空港经济区首先必须破解的政策问题。

首先，应从严查严处违规土地违法建设入手，严格控制违章建筑，禁止抢建、乱建之风。

其次，深化落实广东省三旧改造政策，实施土地整合，盘活土地资源，促进规模建设。在揭阳市和揭东县整合土地建设指标，集中调整 5~10 平方公里成片用地指标，成立土地储备中心推动土地指标落实。

第三，创新土地利用规划的计划管理模式。争取上级的支持，开展城镇建设用地规模扩大与农村建设用地减少挂钩试点，在上级批准的年度土地利用计划中，将空港经济区有关计划指标单列。

第四，在争取上级土地政策支持的同时，以实现农村城镇化为导向，采取“宅基地换房”形式推进城乡建设用地合法增减挂钩，使新农村与新城打造相结合。

第五，加快土地储备，在保障民生，集中安置，完善配套基础上合理进行拆迁安置。全面做好新区拆迁和安置工作，满足建设用地需求，按计划保证新区规划建设有序推进。首期做好启动区范围村庄的拆迁和安置工作，应考虑集中安置，形成安置示范区。建立农村开发补偿和农民安置新机制，将保障农民生活水平不因开发而降低和生计长远保障机制作为开发的首要条件。开展留地安置、集体建设用地土地使用权入股、土地股份合作等多种农村开发安置模式试点。

另外，最大程度争取航空政策扶持，最大做强揭阳潮汕机场。预留和控制机场及航空公司备用地，预留开辟国际航线及国际航空公司进驻用地。

7.3.2 政策区实施步骤

为实现揭阳空港经济区战略地位突破，寻求在广东省及国家层面更多的政策和项目支持，实施由“省级”到“国家级”三步走战略。

第一步（2013年）：两年实现省级战略。以港带城，通过产业园区实现空港经济区起步，积极创建省级经济开发区，打造广东省重要的空港经济区。

第二步（2016年）：五年实现国家级开发区战略。积极推动空港经济区提能升级，创建国家级经济开发区、综合保税区（保税物流、保税加工、离岸贸易、金融保险）。同时，积极申报桑浦山国家级自然保护区和国家5A风景区。

第三步（2021年）：十年实现国家战略。积极创建以汕潮揭一体化为核心的国家综合改革试验区，以及国家重要的对港台、东盟的国际化前沿平台，推动广东省—东盟自由贸易区建设（针对“侨胞”广泛分布的东盟、中国台湾、港澳地区）。

7.3.3 招商引资政策

要切实抓好政策制订工作，加大政策创新力度，从“税、费、租、贴、奖”等全面提升空港经济区的政策环境，多争取国家层面上的政策指导和优惠政策支持，同时把空港经济区的政策用好用足，使我们的政策既有特殊优惠性又与国际惯例接轨；既能够促进产业集聚，又能发挥区域经济特色；既有利于经济区本身快速成长，又能充分发挥示范带动作用，把“空港”很好地凸显出来，使经济区真正成为政策的高地、成本的凹地，构筑推动揭阳对外开放的前沿阵地和制高点。

8 新城开发的启动机制研究

8.1 新区运营开发模式与启动机制研究

8.1.1 国内外新城运营模式分类

国内外新城开发运营模式基本可以归纳成政府主导、企业主导和公私合作三种模式。

政府主导模式：由政府统一制定规划和实施开发，但以市场化方式运作。成立新城开发运营公司，负责新城的资金筹集、土地开发和基础设施建设，如英国的新城开发。

企业主导模式：由政府统一制定规划，私人开发商负责土地收购、基础设施建设和房地产开发，如日本的新城开发。

公私合作模式：由政府和开发商合作成立新城运营公司，负责制定规划和实施开发，以及资金筹集、土地开发和基础设施建设，如香港的新城开发。

国内外新城开发运营模式　　表 8–1

开发模式	国家	特点
政府规划引导，新城开发公司具体操作	英国	• 新城开发公司是官方开发机构，由专业成员和政府代表组成，负责新城统一规划和实施开发 • 新城开发不以营利为目的，但以市场化方式来运作，强调配套和自给自足 • 新城开发公司筹集资金进行基础设施建设，拥有土地出售、转让、租用等权利
政府主导，市场参与	韩国	• 新城由政府统一制定土地规划。 • 开发商、中央政府、地方政府承担基础设施建设融资，其中开发商承担 80% 的费用，提供道路和地铁系统 • 开发方式是完全不民主和非市场化，土地通过公共部门购买，以市场价格补偿；建设资金大量来自于预售，融资模式导致土地投机

续表

开发模式	国家	特点
以私人开发商为主体，政府政策倾斜	日本	• 政府赋予私营铁路公司轨道沿线土地的开发专营权 • 通过铁路延伸，带动铁路产业同时进行房地产开发、零售业、公共汽车运营业 • 铁路公司与土地拥有者共同协商，收购土地，组成合作公司，基础设施建造费用由出售土地和双方投入解决
公私合作投资建设	中国香港	• 新城经营公司统一协调，编制总体规划和开发计划，董事会成员均由香港特区政府委任 • 土地开拓费用全部来自政府，资金来源是财政拨款、出口信贷、银团贷款或发行证券 • 基础设施和商业设施除政府投入，私营资金也参与

8.1.2 政府主导运营模式案例

西安市曲江新区是典型的政府主导运营模式，具有以下特点：

（1）曲江新城管委会主导，全程参与管理，统一规划和协调。

（2）新区管委会扶持“城市运营商”从事新区运营，其先后扶持成立了“曲江新区发展有限公司”、“曲江地产公司”、“曲江园林公司”等8家城市运营公司。既有基础设施型的城市运营商，也有居住建设型的城市运营商、资源整合型的城市运营商、城市营销型的城市运营商。

（3）政府与运营商捆绑发展。政府则负责基础设施建设（如道路、交通、广场改造、市政设施），运营商建设周边大配套、大商贸建筑。

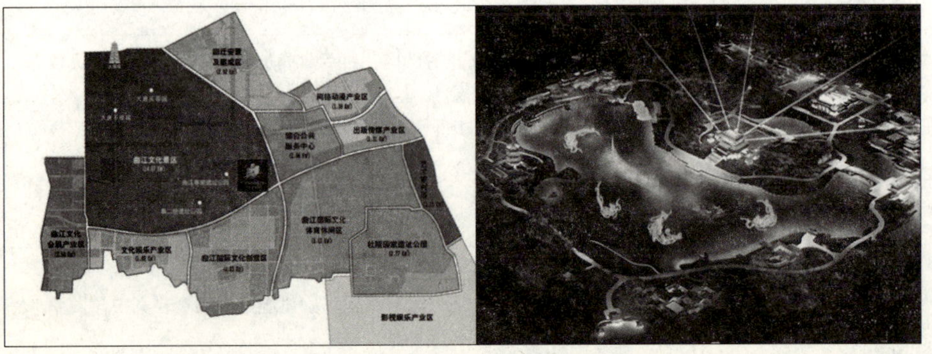

图 8-1　西安曲江新区规划效果图

8.1.3 政府间及政府与私人机构的合作伙伴模式

经济区的发展和运作应该采取多种方式。一方面，政府应发挥重要的作用。通过政府的参与，发挥政府的职责、权威和规划的功能，有利于培养市场的信心，降低未来发展的风险和不确定性。另一方面，由于成片土地开发需要巨额资金，为了分散和转移投资的风险，提高经营效率和管理水平，政府部门也需要与私营机构开展合作。

除了不同地方政府间的合作以外，还应该积极发挥民间资本的作用，建立政府与私人机构的合作伙伴机制（PPP-Public Private Partnership）。这一方面可以发挥潮汕地区作为我国与亚太地区联系纽带与桥梁的作用，将合作的视野拓展到海外。潮汕华侨遍布 40 多个国家和地区，尤以东南亚为最。海外潮汕人在国际市场上拥有通畅的商贸渠道和广泛的商贸网络，涌现了许多业有大成的富商巨贾、社会名流，其中不乏在各国政界颇有影响力的人物。通过各种渠道增强潮汕地区与华侨社会的联系，吸引他们回家乡投资立业，不仅能大大促进潮汕经济的发展，而且对于潮汕文化的整体复兴，促进我国与东盟国家的交流合作，甚至完成祖国统一大业等，都有着重大的意义。

目前，世界各国在政府与私营机构合作伙伴关系机制的建立上有多种的形式，可供借鉴的主要方法可以总结为以下几种：① 政府发展公司（Development Corporation）；② 特许经营权；③ 政府与私营机构合作（合资）；④ BOT 模式；⑤ TOT 模式。

① 政府发展公司（Development Corporation）：这是一种半官方的机构，由政府设置但通过市场运作。目的是通过政府的政策和资金的引导，吸引市场上的私营资金，进行商业的活动，促进一个地区的复兴和发展。这种机构具有一级政府在规划和发展上的权力，但又不需要承担地方政府在其他社会服务领域的责任。

② 特许经营权：特许经营权是政府认证或授予私营机构在特定的市场范围或地区经营某种业务和服务的权利。政府需要制订相应的服务水平标准和价格，但接受服务的消费者直接对服务的提供者付费。

③ 政府与私营机构合作（合资）：这是一种政府与私营机构通过合同（合约）的合作方式。在这种合作方式中，政府与私营机构的资源结合在一起，并明确各自的责任和义务，双方相互补充和制约。这种合作方法中私营机构通过与政府签协议，在某个市场领域或地理区域承担或提供某种服务。同时，私营机构与政府机构一样承担具体的资金风险；而政府机构无须支付私营机构资金却能获得更多的资金渠道和提供服务的资源。

④ BOT 模式：BOT 即 Build-Operate-Transfer，意思为“建设—运营—移交”。它是指财团和地方政府签订合同，取得参与建设某些基础设施的建设特许权，然后由财团独自或联合政府组织项目公司，负责融资、设计、承建该项目。项目建设后，在特许经营期间项目公司拥有所建项目的所有权和管理、经营职能。特许期结束后，项目公司将项目所有权交给政府。

⑤ TOT 模式：TOT 为 Transfer-Operate-Transfer 的缩写，即“移交—经营—移交”方式。这种模式指政府将已经建成的城市基础设施项目有偿移交给出资方进行经营，当经营期满时，出资方再将项目无偿移交给政府。TOT 融资模式对城市基础设施建设的积极意义体现在：有助于盘活基础设施建设中的存量资产，能够在短期内为更大规模的基础设施建设提供更多的资金来源。

8.2 新城启动模式选择方案推荐

8.2.1 运营开发模式方案

在新区开发建设的漫长周期里，长期稳定的开发组织机构及有效的运行机制是成功的保障。一般而言，新区的开发建设快则需要 15~20 年的时间，慢则需要几十年时间，例如：伦敦 DOCHLAND 码头区经过 20 多年仅仅建设了道格斯岛的核心部分；巴黎德方斯经过近 50 年建设，基本完成商务区和公园区 2.5 平方公里建设，占规划总范围 7.5 平方公里的 1/3。新区开发模式一般为：政府主导、企业主体、市场化运作，即政府成立专门的公司机构，组织管理整体开发，负责中心区整片土地的开发，负责市政设施的投资建设，待“生地”成为“熟地”后进行土地出让；该机构按照公司管理制度运行，可以授予该机构土地与规划的部分协助管理权或前置审批权。例如巴黎德方斯开发建设结构完全依靠专门设立的 EPAD 公共机构；上海浦东陆家嘴中心区开发中成立上海陆家嘴（集团）有限公司负责成片开发建设、综合经营，作为区内协调管理的经济实体；杭州钱江新城、合肥新城的中心区由新城管委会作为操作实体，实行“自行筹建、自行建设、自行经营、自行还贷”。

通过对国内外新城开发运营模式研究，参考国内新区运行案例，并结合揭阳实际情况，建议揭阳空港经济区采用公私合作运营模式。

首先，揭阳空港经济区管委会负责统一制定总体规划和开发计划。

其次，管委会政府和开发商共同出资组建开发总公司，负责土地开发和基础设施建设。开发总公司通过土地出售获取资金，补偿基础设施建设。

再者，开发总公司下成立城市运营子公司，参与基础设施建设、地产开发、城市建筑、城市营销等城市开发建设。

最后，积极拓展融资渠道，包括出口信贷、银团贷款或发行证券等。其中，公共设施和商业设施积极引入私营资金参与。

8.2.2 启动机制模式方案

国内外新城启动机制主要有设施带动、居住带动和产业带动三种模式。

设施带动分为公共设施带动和交通设施带动。公共设施带动指通过建设行政中心、商业中心、文化体育中心、医疗教育设施、博物馆、展览馆、城市公园等公共设施，提升新城人气和集聚人口。交通设施带动指通过高铁、城市地铁、轻轨和快速公交的建设，提高新区的交通可达性，推动城市人口向新城疏解。

居住带动指通过在城市边缘区建设大型居住区，如公务员住宅、回迁安置房或大型商住项目，带动城市人口向新城疏解。

产业带动指通过建设开发区，如工业园区、物流园区、创意园区等实现新城起步，同时集聚就业人口，提升新城人气。

通过对国内的铁岭新城、赣州章江新区和合肥滨湖新区三个新城研究表明，要实现揭阳空港经济区的良性、可持续发展，必须选择三种模式复合的启动机制。其中渔湖新区以公共设施带动和居住带动为主，机场片区和地都片区则以交通设施和产业带动为主，力求实现空港经济区快速起步和有序发展。

首先，推动公共设施和交通设施建设。一是加强以机场和高铁为核心的立体交通网络建设，包括城际轨道、城市快速路。二是加强公共设施建设，包括行政中心、星级酒店、购物中心、三甲医院、知名中小学、文体中心和城市生态公园、滨江公园等。

其次，推动大型住宅区建设，包括城市政府拆迁安置区、公务员住宅、航空公司后勤基地和工业园宿舍区等。

再者，推动工业园区和物流园区建设，包括临空产业园区、高新技术产业园区、临港装备制造产业园区和综合保税物流区、临空物流区、商贸市场等。

揭阳空港经济区启动区开发机制选择，即快速建成带动区的战略以“政府主导、市场参与、设施推动”为核心思路。

政府主导，统一制定总体规划和开发计划。政府和国内知名开发商共同出资组建新城开发总公司，负责土地收购和基础设施建设，专门负责招商和管理，拓宽融资开发平台，保障新区起步区快速建设并形成规模效应。快速建成新区包括政府决心行政搬迁到新城中心，全方位配套全市最优文体教卫公共设施，建设现代的公园广场、交通、市政设施和综合的商业金融居住配套。

国内新城启动机制案例　　表 8-2

		铁岭新城	赣州章江新区	合肥滨湖新区
设施带动	公共设施	行政：市县两级行政中心 商业：五星酒店、购物中心 医疗：三甲医院 教育：大学、职业教育基地和中小学 其他：中国书法博物馆、规划展览馆、文化体育中心 公园：莲花湖国家湿地	行政：市委市政府、行政部门 商业：购物中心和百货店、金融总部 医疗：赣州市人民医院 教育：青少年活动中心、赣州中学、章贡中学、少儿体校、豪德小学、技校等 其他：黄金广场、图书馆、体育中心、博物馆 公园：中央生态公园、赣州湿地公园、滨江公园	商业：购物中心、星级宾馆、特色风情街、办公 医疗：三级特等医院（合肥中心医院） 教育：3 所中小学名校搬迁，学生规模 1.2 万人 公园：塘西河景观带、滨湖公园
	交通设施	高铁	赣南大道、章江大桥、快速公交	
居住带动		大型居住区	公务员住宅、回迁安置、开发商整体开发	大型居住区、拆迁安置区和商住工程
产业带动		北方金融后台服务、商贸物流城、建材市场、物业物流		国际金融后台服务基地，如建行生产基地

借鉴北京天竺空港经济开发区，在成立空港开发总公司基础上，大力扶持控股的空港股份公司、空港物业公司。空港股份公司从事的主要业务为土地开发、工业地产开发、建筑工程施工、标准厂房经营和园区综合服务；空港物业管理公司是集水、暖、电、气、热、广告宣传、绿化、餐饮、物业管理于一身的具有独立法人资格的国有企业。

8.3 近期实施推动计划

为了最大限度地发挥好空港的产业集聚、资源整合、经济拉动、技术创新和辐射带动效应，推动规划实施，在空港经济区关键的开局几年，政府需要从揭阳空港经济区规划编制、机构成立、行政区划调整、征地拆迁安置、招商引资和重点项目等重要方面入手，做好、抓好、完成当前这几方面的重点工作。

8.3.1 编制高标准规划指导实施和管理

成立空港经济区，不仅需要编制具有战略高度和全局性的战略规划；建设新区，当前更加需要编制具有操作实施性的经济区总体规划、控制性详细规划和重点地区城市设计，作为指导城乡规划管理和建设实施依据。

全面推进空港经济区实施规划编制工作，成立和建设揭阳潮汕空港经济区，迫切需要编制操作实施性的规划有揭阳空港经济区总体规划、控制性详细规划和重点片区城市设计。2012 年 8 月底，完成空港规划宣传资料及制定规划宣传方案。空港总体规划、控制性详细规划和城市设计编制完成后，抓紧制作空港规划宣传和前期招商宣传资料，制订完善的规划宣传方案，并全面开展规划的宣传活动。责任单位：空港领导小组、揭阳市城乡规划局和规划编制单位。

理顺规划管理体制和实施垂直管理。空港三镇城乡规划管理现隶属于揭东县住房与城乡建设局，城乡管理队伍不强，力量不足，规划管理相对缺失。需尽快在空港经济区成立揭阳市城乡规划局、揭阳市行政综合执法局空港经济区直属分局，理顺规划管理体制，实现市城乡规划主管部门、城市行政执法部门对空港经济区全面垂直管理，有效加强管理和监督。时间：2012 年 6 月。责任单位：空港领导小组、揭阳市城乡规划局、行政综合执法局。

8.3.2 管理机构设立和行政区划调整

空港经济区要成立相对稳定的领导班子和机构，对开发区经济建设和招商引资实施统一领导，市政府成立揭阳空港经济区领导小组领衔试验区管委会和空港新区规划建设指挥部的管理模式。具体组织形式和方式等由领导小组、组织部和人事局等相关单位予以研究。

1）成立揭阳空港经济区领导小组

揭阳空港经济区领导小组由市长和主管副市长担任组长、副组长，领导小组办公室为常驻机构，由市政府主管领导和相关行政职能部门领导组成，包括国土局、规划局、建设局、发改局、经贸局、招商局、综合执法局、民政局、交通局、公路局、人事局、环保局等部门。负责对空港经济区（试验区和空港三镇）工作的领导、组织和协调，同时负责筹建空港新区规划建设指挥部和揭阳试验区管委会机构改革。时间：2012 年 1 月 30 日挂牌成立。责任单位：市委、市政府。

2）设立空港新区规划建设指挥部

依托揭阳潮汕机场建设办为基础，在全市挑选，全国招聘，成立空港新区规划建设指挥部。指挥部主要负责空港产业园的规划、建设、管理、招商和服务工作。空港三镇仍行使其辖区行政管理职能，在项目立项（可研）、土地（出让）、规划（审批和管理）、建设、环保等的行政审批上增加报指挥部审核环节。管理机构为正处级单位，指挥部下面设置综合管理办、规划国土办、工程建设办、投资招商办、征迁安置办、社会事务办等职能机构（综合管理办、规划建设办、国土征迁安置办、投资招商办、社会事务办）。时间：2012 年 3 月 30 日挂牌成立。责任单位：空港领导小组、组织部和人事局。

3）申报揭阳空港经济区管委会

申报省政府把揭阳经济开发试验区更名为揭阳空港经济区，并扩大到包括空港三镇共 234 平方公里范围，成立揭阳空港经济区管委会，实行管委会和镇、街道办事处、园区办公室两级管理体制。管委会主要职能是规划、建设、协调，制定政策和监督检查政策落实情况，各园区可采取不同的管理模式。管委会成立完成后，撤销揭阳空港经济区领导小组和空港新区规划建设指挥部。申报时间：2012 年 12 月完成，争取两年内获得批准。责任单位：市政府、空港领导小组、揭阳试验区。

4）设置政府行政机构直属分局

按照政府行政构成设置各空港经济区直属分局，推动国土局、规划局、综合执法局、公安局、综合执法局、工商局、税务局、卫生教育局、公路、交通局等重要部门成立市局直属分局，提升新区的管理水平，加紧对该地区进行管理和控制，尽快实现空港经济区高水平的管理。时间：2012 年 5 月开始筹建分局，争取两年内完成各分局设置。责任单位：市政府编制办、组织部、人事局、各职能局。

5）调整揭东空港三镇区划纳入揭阳市区管理

根据《城乡规划法》和揭阳市总体规划确定的中心城区范围，将揭东县登岗、炮台、地都三镇调整纳入揭阳市区行政管理范围。2012 年 2 月，成立空港管委会领导小组，将揭东县登岗、炮台、地都三镇的土地管理、城乡规划编制和管理、工程建设管理、市政建设管理等收归市区，杜绝出现新区开发中面临突击建设、无序建设等问题。2012 年 6 月，申报揭东县登岗、炮台、地都三镇行政区划调整，将其纳入揭阳市区行政区划范围，争取 2012 年年底获得上级批准，实施与市区行政辖区一致的管理。申报渔湖镇、炮台镇、地都镇、登岗镇四个镇改为街道办事处。责任单位：市政府、空港领导小组、揭阳市民政局。

8.3.3 土地整合和征地拆迁安置

1）调整集中成规模的土地指标

实施土地整合，盘活土地资源，促进规模建设。在揭阳市和揭东县整合土地建设指标，集中调整 5~10 平方公里成片用地指标，成立土地储备中心推动土地指标落实，保障新区起步区建设快速，形成规模效应。时间：2012 年

6月完成调整。责任单位：揭阳市国土局。

2）起步区征地拆迁安置工作

在科学论证选址基础上确定起步区范围，落实国土规划建设用地指标，加快土地储备，合理进行拆迁安置。全面做好新区拆迁和安置工作，满足建设用地需求，按计划保证起步区规划建设有序推进。建立农村开发补偿和农民安置新机制，将保障农民生活水平不因开发而降低和生计长远保障机制作为开发的首要条件。开展留地安置、集体建设用地土地使用权入股、土地股份合作等多种农村开发安置模式试点。

2012年6月完成起步区内地形图测量和农户房屋清点丈量工作。2012年7月底科学选址安置区并完成编制安置区修建性详细规划。建设集中安置区，统建安置房，在安置区附近建设农贸市场和规划农民创业园，形成安置示范区。2012年8月首批1000套统建安置房正式开工建设，预计2013年9月建成交付使用。2012年12月底完成首批拆迁签约任务，2013年9月完成首期拆迁工作。严控规划区范围内乱搭乱建和抢栽抢种现象，保障拆迁群众合法利益；要切实做好失地农民的养老保险等问题，解决拆迁群众的后顾之忧。责任单位：领导小组、空港新区规划建设指挥部。

3）清查清理土地

严查严处违规土地违法建设，由各职能部门配合、政府负责，组织开展新区内违法租地卖地、违法建设的专项整治活动。严格控制违章建筑，禁止抢建、乱建之风。清理沿路发展的石材加工厂，同时规划产业园引导集中入园。2012年6月完成违规土地违法建设清查。2012年8月完成石材产业园规划，制定沿路石材企业入园时间表。责任单位：领导小组、指挥部规划国土建设办。

4）申请增减挂钩示范，申报示范

创新土地利用规划的计划管理模式。争取上级的支持，开展城镇建设用地规模扩大与农村建设用地减少挂钩试点，在上级批准的年度土地利用计划中，将空港经济区有关计划指标单列。在争取上级土地政策支持的同时，以实现农村城镇化为导向，采取“宅基地换房”形式推进城乡建设用地合法增减挂钩，使新农村与新城打造相结合。时间：2012年6月开始申报，争取一年内成为试点。责任单位：揭阳市国土局、领导小组。

8.3.4 招商引资宣传与开发服务

1）多种宣传策划多种形式招商引资

加快完善空港经济区的规划策划。大力开展空港经济区前期宣传推介工作，开辟空港经济区网站，举办空港经济区论坛，出版论坛丛书，通过网络招商、节会招商、中介招商、产业链招商、小分队招商、以商招商等各种形式，举行一系列招商推介，大张旗鼓地向海内外宣传推介空港经济区。

2012 年 2 月，揭阳空港经济区领导小组成立后，开辟揭阳空港经济区网站（WWW.JYKG.GOV.CN），把揭阳空港经济区和揭阳潮汕机场推向国内外。责任单位：领导小组、指挥部综合办。

2012 年 5 月，揭阳空港经济战略规划评审后，举办一场规模大、规格高、具有影响力的空港经济区规划研究论坛，邀请省部有关部门领导、国内外专家学者，北京、上海、天津、成都、广州、深圳、苏州等空港经济区管委会领导出席，借鉴国内外成功经验，促进揭阳空港经济区的规划、设计、建设、招商和管理，提高揭阳知名度。责任单位：揭阳市城乡规划局、指挥部规划建设办。

2012 年 12 月，空港经济区规划研究论坛后，出版一本关于揭阳空港经济区的书籍，责任单位：指挥部规划建设办、综合办。

分别于 2011 年 12 月，2012 年 6 月，2012 年 12 月参加和举办三场招商推介会。以新闻发布会、招商会、研讨会等多种形式，不失时机、大张旗鼓地向海内外宣传揭阳，推介揭阳，为揭阳潮汕空港经济区建设创造良好的社会氛围和外部环境。责任单位：指挥部投资招商办、综合办。

2）设立空港经济区行政服务中心

空港经济区行政服务中心是揭阳市行政部门派出机构，主要包括发改局、国土局、规划局、建设局、招商局、环保局、综合执法局、工商分局、消防大队、公安分局、财政局等部门进驻，并设有相应服务窗口。根据市各职能部门的授权，履行对进驻部门集中审批、收费事项的组织协调、监督管理和指导服务的职能。实行“一个门受理、一站式办公、一个窗收费、一条龙服务”的运作模式。时间：2012 年 10 月成立空港经济区行政服务中心，2012 年 12 月各部门进驻。责任单位：市政府、领导小组、各市职能部门。

3）成立股份制开发总公司、探索一级开发新模式

成立股份制揭阳空港经济区开发总公司，空港经济区可由市政府、领导小组、指挥部牵头，引进国内知名开发公司，成立一级开发合作股份公司的开发总公司，专门负责招商和管理，拓宽融资开发平台，保障新区起步区建设快速形成规模效应。同时，开发总公司的设立有利于处理和平衡各方面的利益关系，一方面可以通过政府有效保证土地供应；另一方面，各级政府都有机会参与开发总公司，开展集体建设用地土地使用权入股、土地股份合作等多种农村开发安置模式试点，以便有效解决现有的问题和形成未来的多赢局面。时间：2012 年 6 月空港新区规划建设指挥部成立后。责任单位：市政府、领导小组。

空港经济区规划编制完成，举行一系列招商推介，融资融智，邀请国内知名开发公司、央企（包括广东省机场建设集团、中国远洋、金融街、中国中远、北京京润蓝筹投资有限公司）等国内知名地产公司，积极采用“一级开发模式”，加快起步区建设，引进高级人才，提高建设质量档次和建设管理水平。同时克服现状普遍存在的“包工头式”开发模式。时间：2012 年 10 月成立空港经济区行政服务中心，2012 年 12 月各部门进驻。责任单位：领导小组、指挥部投资招商办。

8.3.5 重点设施推动和基础设施先行

加紧推动空港起步区招商推介，创新起步区开发模式。建设具有国际城市气质、气势宏大的城市中轴沿线的总部办公区、空港商务区、中央公园、教育园区、医疗中心、规划展览馆、城市综合体等重点服务配套项目，提升城市形象和新城综合功能；以临空为导向，打造“粤东国际物流园”，力争建成综合保税区，推广两个临空港特色专业产业园区等。基础设施先行，从交通、给水、排水、电力、电信、环境出发，推动空港整体设施水平迅速提升。

1）重点设施推动项目规划建设计划

（1）空港市民服务中心

本着服务空港的角度出发，揭阳空港经济区领导小组办公室和空港新区规划建设指挥部办公地点选址建议在空港地区，可先用过渡性办公方案：一是原机场建设办地点，二是租用位于机场路和空港大道附近的空港商务区办公楼。空港经济区管委会大楼建议选址起步区总部办公区。时间：2012 年 1~2 月确定办公选址，2012 年 4 月各部门进驻。责任单位:市政府、领导小组、指挥部。

（2）空港经济区起步区规划实施

空港总体规划完成后，编制空港经济区起步区修建性详细规划，实施快速建成新区战略：政府决心行政搬迁是新城的信心，全方位最优文体教卫公共设施，现代的公园广场、交通、市政设施，综合商业金融居住配套。

启动建设新城带动要素项目，明确包括市民服务中心、五星宾馆、三甲医院、揭阳新一中或师大附属中学（完全中学）、小学、银行金融机构、大型城市综合体和滨河生态住区等重点服务配套项目选址、规模以及建设时序。近期重点还需要加快在建文化中心、观音阁等项目，新建包括新城安置区、星级酒店接待、国际会议中心、规划展览馆、专业市场、工业展览馆、主题公园、生态公园、粤东游艇俱乐部码头等新城重点项目，梳理岭南水城新水系，树立渔湖新区新形象。时间：2012 年 6~8 月完成。责任单位：指挥部国土规划办、工程建设办。

（3）城市规划展览馆、行政服务中心

城市规划展览馆、行政服务中心都是空港经济区最重要窗口之一，抓紧做好城市规划展览馆及行政服务中心项目的选址、规划、申报立项、设计工作，积极筹措资金，争取明年年底前竣工。时间：2012 年 5~7 月完成选址、规划、申报立项，2012 年 7 月动工，2012 年 12 月竣工，2013 年 3 月完成布展开馆。责任单位：指挥部规划建设办、投资招商办。

（4）航空物流园、综合保税区

积极推进与广东省机场建设集团等航空部门公司合作，拓展货运航线，引进多家国际专业物流公司进驻，建设特色物流园，成为华南航空枢纽重要组成部分，申报设立保税区，打造“粤东国际物流园”，力争建成综合保税区。时间：2012 年 6 月完成合作构架，2012 年 12 月申请保税区。责任单位：指挥部规划建设办、投资招商办、机场建设集团。

2）基础设施先行建设计划

（1）枢纽交通一体化研究项目

推动空港—高铁枢纽地区交通一体化。编制枢纽地区交通一体化设计，进一步加强空港的辐射带动作用。近期急需建设机场和高铁站之间的快速联系通道，方便旅客进行换乘。远期可重点推进揭阳—空港—高铁—汕头（潮州）城际轻轨建设，实现航空—轻轨—高铁三者的无缝换乘。同时预留进入机场的高铁线路，实现空铁联运。

（2）潮惠、揭惠高速公路项目

加快区域高速公路系统建设。抓紧做好揭惠高速、潮惠高速等高速公路项目工作，尤其是潮惠高速建设实施工作。时间：2012 年 3 月完成潮惠高速线路及出入口方案，2012 年 6 月完成揭惠高速线路及出入口方案。责任单位：揭阳市公路局、指挥部国土规划办。

（3）机场延长线、空港大道、国道 206 复线（揭阳东环）、潮汕外环路项目

加快机场对外通道建设。规划到揭阳、汕头和潮州市区形成 2 条以上快捷的联系通道，包括机场延长线（新大桥一）、空港大道、国道 206 复线、潮汕外环路、炮浮路改线等。空港大道是空港经济区的中轴，也是起步区最重要的联系道路；还有推动其他区域联系道路建设，包括进贤门大道与揭东池樟线对接揭东和潮州（新大桥二），天福路对接汕头金汕头凤路（新大桥三）。时间：2012 年 6 月完成机场延长线工程设计，2012 年 8 月完成国道 206 复线

工程可行性研究和工程设计，2012 年 12 月完成潮汕外环路揭阳段线路方案。责任单位：指挥部国土规划办、揭阳市公路局。

（4）水务工程项目（空港水厂、排污专项及污水处理厂）

结合引韩工程，尽快选址空港新水厂，启动快建设新区污水处理厂，提高空港新区污水处理率。编制水系整治专项规划，实施登岗段水系整治工程。时间：2012 年 12 月完成空港新水厂污水处理厂选址、可研。2012 年 8 月完成水系整治专项规划并实施登岗段水系整治工程。责任单位：指挥部国土规划办。

（5）建设桑浦山区域绿核和榕江滨河绿色长廊项目

保护桑浦山自然保护区，严禁采石采矿等严重破坏山体活动；建设桑浦山区域绿色核心，成立桑浦山风景旅游区，沿榕江、枫江建设滨河绿色长廊，形成揭阳环城区域绿地和建设新城绿道，建设新区中央公园。时间：2012 年 12 月完成规划方案设计，示范绿道建成使用。责任单位：指挥部国土规划办。

后记及感谢

2005年夏，为了推动广东省潮汕民用机场选址工作，中国城市规划设计研究院承接了广东省揭东县总体规划修编工作，我随中规院城建所张全所长、靳东晓副所长和汕头分院总工罗赤带领的原中山市总体规划编制组全班人马进驻现场调研。当时的揭东县城城市人口十多万，建成区面积十平方公里，全县十四个镇一百多万人，与全国其他县城相比也没有多少特别之处。但是，在揭东县城东南方向约十来公里之外的登岗镇预留了潮汕民用机场选址位置，该选址位置具有一定的独特性——位于汕潮揭三个地级市地理中心，距离汕潮揭三市市区均为二十二公里。该地区后来经过一系列的规划，一系列的研究，一系列交通基础设施规划建设，再到2012年年底揭阳潮汕机场通航，2013年年底厦深高铁通车，汕揭梅高速公路全线的基本建成通车，潮惠高速公路开工建设……在短短几年里，这个地区已建成了以揭阳潮汕机场和厦深高铁潮汕站为核心的汕潮揭城市群区域综合交通枢纽。这个选址所带来影响远远超乎我们当时的想象。

揭阳潮汕机场建成并投入使用即将满两年，但从规划建设至今却已走过了十个年头，之间经历了从当初机场最初选址到建成通航，再到市区部分行政区划调整，从而空港经济区随之应运而生！规划建设空港经济区是空港效应和经济发展的结果，是区域一体化发展和城市群发展的必然选择。在广东省委提出振兴粤东西北发展战略的背景下，去年年底揭阳新区发展总体规划获广东省人民政府批准实施。空港经济区作为揭阳新区的新城核心起步区，在省市两级政府推动下，将进一步发挥空港带动效应，加快新城整体建设步伐，朝着“三年见成效、五年成规模”的建设目标快速迈进。

围绕机场地区编制的一系列规划和一系列研究中，我最有印象的是揭东县登岗机场镇总体规划，登岗这个小镇的总体规划当时得到了中规院院长李晓江教授的高度重视。他说这是个很有意思的规划，项目的重要性不在于项目本身大小，而是在于这个规划对地方建设实施的指导作用，包括对机场选址落位比选的指导，对区域配套基础设施的预留控制以及对临空地区发展的预留等。同时李晓江院长还指出像这种具有区域共享意义和规模适中的民用机场，在未来我国城镇化高速发展过程中，全国还会有很多这样的机场，做好该项目将具有普遍借鉴意义，并勉励大家好好研究做出有示范性的探索。还有两个规划项目也非常重要，就是在揭阳潮汕机场通航前，揭阳市政府组织编制了《揭阳空港经济区发展战略规划》和《揭阳空港经济区总体规划》，这两个规划奠定了空港经济区规划研究基础和发展框架。

本书的编撰素材主要来源于揭阳空港战略研究的管理体制实施专题，另一个编撰素材来源于清华大学硕士论文《临空经济与空港地区空间研究——以潮汕机场空港地区为例》，通过与学校研究学习方向相结合，在清华大学建筑学院副院长毛其智教授和中规院副院长杨保军教授的大力支持和悉心指导下，将规划实践与理论研究相结合，不断提升规划项目的科学性和指导性作用。再结合后来挂职揭阳市城乡规划局副局长的经历，在推进市区部分行政区划调整和规划建设城市新区的实践过程中逐步完善并形成本书。

《空港经济区管理实施体制研究》是对机场地区一系列规划项目的总结，是对一系列机场和空港理论研究的梳理，也是对机场地区规划管理和建设实践的思考。揭阳空港经济区一系列规划的研究工作离不开揭阳市委、市政府领导的关心支持。去年本文获得广东省优秀城乡规划设计评选城市类的三等奖，还获得 2011-2012 年度揭阳市哲学社会科学优秀成果奖调研类的一等奖。本书的出版，首先要感谢中规院和揭阳市城乡规划局空港规划项目编制团队的精诚合作，还要感谢揭阳空港经济区管委会主要领导方如隆、邱鹏、黄熹同志对空港规划研究和本书编撰出版的大力支持，还要感谢百忙中为本书写序的张文奇教授，他的辛勤劳动为本书增彩润色，最后感谢妻女对我工作的理解和包容。希望本书所探讨和研究的成果，能对空港经济社会发展和对管理理论学科发展具有积极推动作用和借鉴意义，并能促进全国规划在建的空港新城又好又快地健康发展。

最后祝愿揭阳空港经济区早日成为潮汕空港都市区的美丽新城。

杨深

2014 年 3 月 29 日于北京